本书由 2023 年度河南农业大学哲学社会科学类科研创新基金“党建引领乡村治理驱动和美乡村建设的机制和路径研究[SKJJ2023B01]”资助

本书由河南农业大学马克思主义学院资助出版

人学视域中思想政治教育问题研究

张夏力　著

中国社会科学出版社

图书在版编目（CIP）数据

人学视域中思想政治教育问题研究／张夏力著．—北京：中国社会科学出版社，2024.1

ISBN 978－7－5227－2521－5

Ⅰ.①人…　Ⅱ.①张…　Ⅲ.①思想政治教育—研究—中国
Ⅳ.①D64

中国国家版本馆 CIP 数据核字（2023）第 165944 号

出 版 人　赵剑英
责任编辑　许　琳　高　婷
责任校对　李　硕
责任印制　郝美娜

出　　版　中国社会科学出版社
社　　址　北京鼓楼西大街甲 158 号
邮　　编　100720
网　　址　http://www.csspw.cn
发 行 部　010－84083685
门 市 部　010－84029450
经　　销　新华书店及其他书店

印刷装订　北京市十月印刷有限公司
版　　次　2024 年 1 月第 1 版
印　　次　2024 年 1 月第 1 次印刷

开　　本　710×1000　1/16
印　　张　14.75
字　　数　218 千字
定　　价　88.00 元

前　言

在当今新的社会发展形势下，人们对于主体性表达、自我实现、个性解放的渴望和追求越来越强烈，如何在这样的背景中加强和推进思想政治教育的理论创新，并使之成为我国社会主义现代化建设的重要智力支撑，是维护社会和谐稳定、促进人的自由全面发展的重要前提。

问题是时代的声音。习近平总书记在党的二十大报告中强调："我们要增强问题意识，聚焦实践遇到的新问题、改革发展稳定中存在的深层次问题、人民群众急难愁盼问题、国际变局中的重大问题、党的建设面临的突出问题，不断提出真正解决问题的新理念新思路新方法。"① 坚持以问题为导向，深入分析实践中存在的问题，并提出相应的解决方案，是推动思想政治教育发展的题中之义。而以马克思主义人学作为研究的理论基础，分析思想政治教育的现实问题，不仅能够厘清思想政治教育各要素之间的关系，从源头找出问题产生的原因，而且可以促进思想政治教育贴近人的现实生活，使其真正走进人的内心世界。

本书从人学的视角研究思想政治教育，从问题入手，结合人的主体性、人的需要、人的个性特征、人的发展等方面，在新的历史条件下，对思想政治教育的价值取向、沟通过程和方法论原则进行补充和

① 《坚持问题导向（思想纵横）》，《人民日报》2022 年 11 月 22 日第 9 版。

拓展，希望用理论解决现实问题，使得我们的思想政治教育紧扣社会生活，紧扣时代主题，进而促进个人价值取向、个人发展与社会发展、政治认同和社会责任感培育的内在统一。基于此，为了探寻思想政治教育问题的解决方案，可以结合马克思主义人学关于人的主体性、人的需要、人的个性和人的发展等方面开展深入研究，剖析问题产生的原因，明确思想政治教育人性化的基本要求，进一步推动教育实践向人的生活世界靠拢，创新并完善思想政治教育现有的方法手段和运行机制，对于丰富思想政治教育基础理论，提高思想政治教育实践品质具有重要的理论和现实意义。

本书研究的重点在于从人学视角展开对现实问题的反思、归纳并总结问题产生的原因和解决路径，同时关于社会思潮对思想政治教育的影响、意识形态安全和认同危机等热点问题进行初步探讨，对以往研究中讨论较多但存在歧义的问题，如思想政治教育的主客体关系、思想政治教育的要素等，通过辨析和整合提出新的见解，力图实现对思想政治教育问题研究的补充和扩展。

从逻辑关系上划分，本书的总体结构分为三个部分，从总体的布局来说，是从问题入手，从现实出发，通过对思想政治教育现实状况和原因的分析，用马克思主义人学理论解答现实问题，提出相应的对策和建议；从理论框架方面来讲，是从思想政治教育的马克思主义人学基础、人学理论对思想政治教育的作用和影响以及思想政治教育的人学诉求三个层面解读思想政治教育与马克思主义人学的关系。

第一部分包括第一、第二章，即对人学及思想政治教育的理论解读，主要阐释人学与思想政治教育的关系。最初的思考来源于思想政治教育“以人为本”和主客体关系问题，尤其是目前高校思想政治教育中老师和学生的关系问题，结合现实中教育问题的反思，教育实践活动中“人的缺失”等现象，促使我们重视思想政治教育对“人”的分析和思考。同时，思想政治教育创新发展不仅要探究自身理论和实践的发展，还要结合教育过程中最重要的因素——“人”的思想观念、政治观点和道德品质的形成变化和发展机制，才能为思想政治教育方法和手段等的创新提供理论依据。

本书的研究建立在学术界相关研究的基础之上，所以，第一章从研究背景和现实需要入手，明确研究的基本思路和主要研究方法，奠定本书整体的研究方向。同时对国内外相关研究状况进行了整理。从国内思想政治教育与马克思主义人学的结合研究，到关于思想政治教育研究范式转换的争论，再到国外西方学者对于思想政治教育、道德教育等的研究历程和教育模式、教育理论等进行了归纳总结。这些都为后面的研究工作打下了基础。

第二章是对人学及思想政治教育的理论阐释。内容包括思想政治教育的内涵和外延，明确思想政治教育的基本涵义和基本内容，讨论思想政治教育与德育、思想政治教育与公民教育之间的关系，分析人学研究的发展历程和未来研究的具体方向，并重点归纳马克思主义人学在国内的发展历程，思想政治教育的马克思主义人学基础，以及人学理论的发展对思想政治教育产生的作用和影响，结合相关基础理论，从“现实的人”“实践的人”和“全面发展的人”三个方面论述思想政治教育过程的出发点、过程和目标，从人的本质与思想政治教育的对象分析，研究思想政治教育的人学基础、方法论原则、价值取向等。

第二部分包括第三、第四章，主要对思想政治教育现实问题进行分析与总结。强化问题意识，分析现状，贴近教育实践，找出问题的根源，是做好理论研究的基础。这部分内容对思想政治教育存在的问题进行了梳理，从问题入手，从现实出发，找出原因，为后面从人学视野角度展开分析打下基础。

第三章是对思想政治教育的现状审视和问题分析。思想政治教育问题表现在多个方面，有意识层面的纰漏也有行为方面的错误，有教育者自身的过失也有受教育者的责任，问题的出现呈现复杂而多样化的趋势，面对错综复杂的问题表征，研究根据思想政治教育的构成要素把实践过程中存在的突出问题按照思想政治教育要素的分类归纳为四个方面的问题，即主体、客体、过程和环境的问题。思想政治教育主体方面存在的问题，突出表现在教育实践活动中人的个性特征被压制，人的精神需要未能得到满足和社会热点问题被忽视等；而思想政治教育客体方面的问题，突出表现为受教育者的主动性不强和客体主体化作用的发挥受限制；思想政治教育过程方面的问题，表现在方案制定、具体实施和效果评估三个方面；而环境方面主要是思想政治教育生态系统的问题和意识形态安全问题。紧接着，本书第四章从主体的弱化、客体的认同危机、过程的系统性缺陷和环境的复杂化四个方面总结问题产生的深层原因。

第三部分包括第五、第六章，是思想政治教育的人学诉求和问题对策，这部分内容是解决思想政治教育问题的理论方法和实施方案，希望能够推进理论创新，提高思想政治教育的实效性、科学性和创新性，即运用理论解决现实问题，在马克思主义人学理论指导下，探讨解决思想政治教育问题的具体对策。

第五章是对思想政治教育的人学诉求，即思想政治教育的人学维度，也是马克思主义人学对思想政治教育问题的理论解答。剖析、总结并归纳人学的基本要求，是立足于马克思主义哲学的基本立场、基本观点和基本方法，探索两者之间的内在逻辑，多角度地解读思想政治教育的人性化要求，补充并完善人学理论指导下问题的解决方案，有助于现实问题的解决。研究从人的主体性与思想政治教育、人的精神需要与思想政治教育、人的个性特征与思想政治教育和人的全面发展与思想政治教育四个方面展开论述，明确马克思主义人学对思想政治教育的基本要求。

第六章是对思想政治教育问题的对策分析。探讨解决思想政治教育问题的具体方案，以人性化为核心，探讨解决现实问题的实现路径，即在马克思主义人学的指导下，从理念、原则、环境、方法和机制五个方面对思想政治教育的运行体系予以补充和拓展。比如说“以关怀为导向创新思想政治教育方法”，我们需要在新的时代背景下重视思想政治教育话语体系的建设，重视思想政治教育贴近人的现实生活等方面。

思想政治教育体现人性化，符合当前时代的基本要求。现代社会强调发展人的主体性，发展人的个性，就是要重视发挥人的主观能动性，同时经济社会的发展对于思想政治教育也产生着影响，市场经济发展带来经济利益多元化等这些对思想政治教育的功能的完善、主客体关系的对立与统一提出了更高的要求，这就涉及了如何巩固思想政治教育在人们心中的地位等多方面的问题。一言以蔽之，从马克思主义人学的角度入手，找出现实问题的解决方法，既推进了理论的创新，又切实解决了教育实践中存在的突出问题，为丰富教育内容、创新教育方法提供了新的思路，为理论的进一步充实和拓展创造了良好的条件。

目　录

第一章　导论

第一节　研究缘由

思想政治教育需要以科学的理论为指导，结合时代形势，推进理论创新。丰富和发展思想政治教育基础理论研究，解决实践工作中遇到的问题，是推进思想政治教育创新的重要方法。在经济全球化急速推进、文化多样性已经形成的今天，思想政治教育的对象——“人”，已经不再仅仅是以“政治人”的身份参与到社会生活中，“经济人”、“文化人”乃至“生态人”的身份地位日益凸显。随着人们对自身认识的不断深化，人的生存与发展问题越来越受到整个社会的重视，对人的研究逐渐成为人文社会科学研究领域的一项重要课题。

马克思主义人学思想的发展，恰恰为人学①与思想政治教育的结合研究提供了可能。从现实的问题入手，从人的主体性、人的需要、人的个性特征和人的发展等方面，总结并归纳新的历史条件下思想政治教育的任务目标和具体规律，是应对现时代的挑战、建设并发展基础理论、实现新时期思想政治教育创新发展的重要途径。

思想的进步是人的发展的重要标志。思想政治教育不仅要灌输一定的社会要求和道德规范，同时也要密切联系个人的思想规律和精神需要。思想政治教育如果片面依靠抽象的政治理论，既不符合“以人

① 本书的“人学”无特殊说明的情况下即特指“马克思主义人学”。

为本”教育理念的基本要求，同时也忽视了教育的属人性特征，这种漠视人的差异性和特殊性的错误做法，结果必定会造成理论回应现实的乏力，严重降低思想政治教育的效果。

理想信念教育是思想政治教育的核心内容。从人学的角度分析，加强社会主义的理想信念教育，必须从现实出发，准确把握人的思想形成规律，才能使人们坚定正确的理想信念，并且对个人的行为产生长期影响，以此达到指导和教育的目的，使个人的发展与我国社会发展方向和国家发展目标保持一致。因此，重视“人”在实践活动中的作用，明确教育的价值取向、沟通过程和方法论原则，解决实践中出现的问题，才能创新并改良运行体系模式，体现人文关怀，实现个人价值取向、个人发展目标、政治认同和社会责任感培育的现代转换，使得爱国主义、集体主义、社会主义的教育紧扣时代主题，达成个人的自我价值与社会价值，个人利益与集体利益，爱国与爱社会主义的内在统一。

带着这样的问题和思考，本书选择从人学的视角展开研究，从问题入手，探究和找寻理论创新的方法和具体方案，使理论融入生活，达到科学性和创新性共同提高的效果。

一　思想政治教育问题的反思：人的缺失

萨特在《辩证理性批判》中指责“当代马克思主义”① 时用了名为“人学空场”的术语，他认为，“当代马克思主义”已经“忘记了具体的、实在的人”，背离了真正的马克思主义，把马克思主义变为僵化的说理和教条，在理论中出现了“人学空场”。虽然萨特的“人学空场”理论并不完全适合现在的中国，但是，它对我们从人学视角反思当下思想政治教育存在的问题具有一定的启发意义。

---

① 萨特所指的“当代马克思主义”是区别于他所认为的“真正的马克思主义”，他把20世纪五六十年代的社会主义，以及以马克思主义为名的理论统称为“现代马克思主义”或“当代马克思主义”。

进入21世纪以来，随着改革开放和社会主义市场经济的发展，整个社会的政治、经济、文化都发生了深刻的变革，短短一二十年的时间，人们的主体意识、思想观念、价值取向、道德标准在潜移默化中发生着改变，与此同时，思想政治教育在发展过程中也遇到了一些问题，例如，意识形态安全在新的时期面临重大挑战，以人为本教育理念的贯彻落实相对滞后，人的精神需要的满足与社会精神文化生活较为落后的矛盾等，造成了思想政治教育实践活动中“人的缺失”，引发了思想政治教育的“主体缺失与错位”等严重问题，具体表现在以下几个方面：

（一）思想政治教育主客体之间缺少沟通和互动

在缺乏交流、沟通和互动的教育过程中，思想政治教育被简单地理解为教育者单方面的活动方式，这必然导致思想政治教育中的强制灌输和单向注入，而事实上，教育者与受教育者之间不是被动地传递知识、生硬地说教，而是一种双向互动关系。教育者处于施教地位，起着主导作用，是教育的主体，同时也要以平等的态度，客观对待受教育者提出的问题和意见，不断学习和进步。而受教育者作为思想政治教育的客体，首先要保持虚心求教的态度和积极进取的精神，既要学习教育者传授的理论知识和实践经验，同时也要在教育活动中善于总结，提出问题。如果受教育者仅仅是消极地被动地学习知识，忽视了教育过程中的互动和相互作用，那么受教育者肯定会成为需求被动化、动机功利化和态度消极化的教育客体。

（二）个人需要的满足和自我价值的实现被忽视

人的需要理论一直是学者们关注的重点内容，马克思曾经指出需要也是人的本性，人的需要具有社会性，同时也具有历史性，而了解和把握人的需要，正是思想政治教育调动人的能动性、创造性和自主性的前提和依据，满足人的正当的、合理的需要是思想政治教育关心人、尊重人、理解人和帮助人的具体实践过程。心理学研究认为，需要的存在是人的思想和行为产生的动机，人的需要的差异造成了个人思想行为和整体社会思想行为要求的矛盾。而思想政治教育就是要围绕这一矛盾展开工作，引导并解决这一矛盾，帮助人们实现个人的思想行为和社会要求的协调统一。但是在实践过程中，存在着片面强调个人对社会的付出和奉献，忽视对个人能力挖掘的现象，这种现象把个人自我价值与社会价值割裂开来，把思想政治教育仅仅当作一种手段，这种思维模式所宣扬的集体主义是虚假的集体主义，表面上强调维护集体利益却漠视了个人的正当的合理的需要，反而对真正的集体主义的教育造成了伤害，阻碍了人的能动性、创造性和自主性的发挥。

（三）思想政治教育功能的发挥受抑制

"教"的过程不仅仅是知识的传递，不只是向人们灌输一定的政治思想和道德规范，更重要的是帮助人塑造健全的人格，培养人的能力。所以，在思想政治教育中采取简单说教、硬性灌输的做法，忽视了受教育者个人能力的培养和人格养成，反而抑制了自身功能的发挥。要充分发挥引导和培育的基本功能，必须重视其导向、塑造和激发的作用，这样才能发挥思想政治教育功能的效果。在教育过程中，仅仅考虑外界环境条件，依赖教育者自身能力和素质的提高，忽视人们的感受和个人需要、个性特征，不去调动他们的积极性，只会使受教育者对思想政治教育产生抵触情绪。

这些问题的产生不仅仅是理论认识的偏颇，同样也是中国社会转型中多方面原因引起的，特别是教育过程中那种习以为常的教条化、形式化和经验主义的做法，往往容易引起人的逆反心理，尤其是在实践当中意识形态性与科学性的脱节，迫切需要我们从人的实践本质出发，用科学的理论武装人，不断创新发展模式，加强和改进思想政治教育方式方法，促进人的全面发展。

马克思把人看作是一切社会关系的总和，人在实践中表现出来的主动性、能动性和创造性是历史前进的动力，人在推动社会发展和历史进步中承担着举足轻重的作用，而人学研究的重点也是强调对“现实的人”的关怀，推进人的发展与推进经济、文化和社会的发展是互为前提和基础的，马克思早在《1844年经济学哲学手稿》中就针对共产主义理论阐述了人的发展思想，关于“人”的问题研究一直是马克思主义理论研究的一项重要内容。

中国共产党在传承和发扬马克思主义的过程中，也始终坚持了以人民为中心的发展思想，党中央于2003年提出了“坚持以人为本”的新要求，极大提高了学术界对于“人”的问题的关注，何为“以人为本”，就是在保障人的基本生存和发展的权利的基础上，维护和实现人的其他权利是最基本的要求，而维护最广大人民的根本利益，激发和依靠人民群众作为历史主体的积极性和创造性则是基本目标。习近平总书记明确提出：“人，本质上就是文化的人，而不是‘物化’的人；是能动的、全面的人，而不是僵化的、‘单向度’的人”①，坚持以人民为中心的思想始终贯穿于我党的发展思想中，这不仅是对马克思主义的继承和发展，是我党“全心全意为人民服务”根本宗旨的体现，也是习近平新时代中国特色社会主义思想的重要内容。习近平总书记在多个场合强调我们必须坚持“人民的主体地位”，坚持“人民立场”，任何时候都要“把人民利益放在第一位”，对人民主体地位的价值追求反映了进入新时代我们更加关注人的发展问题，反映了以习近平同志为核心的党中央治国理政的根本原则和鲜明逻辑。我们追求的是以主导价值取向实现个人价值和社会价值的同构，实现个人发展与社会、国家的发展协调、兼顾和融通，因此，思想政治教育的研究不仅要探究理论和实践的起源、发展过程，还要探究人的思想观念、政治观点与道德品质的形成变化与发展机制，这样才能为方法和手段的创新提供理论依据，为未来的发展提供前进的方向。

① 习近平：《之江新语》，浙江人民出版社2007年版，第150页。

二　人学与思想政治教育结合研究的时代要求

随着改革开放和社会主义现代化建设进入新的历史时期，人的生存和发展问题逐渐成为万众瞩目的焦点，人们逐渐意识到，社会的发展和进步核心在于人的发展和进步，人的发展才是社会发展的归宿，因此，对人的认识、了解和把握成为推动中国社会现代化进程的一个必要内容。与此同时，对人的问题的关注迅速成为人文社会科学领域研究的热点，人学研究成为当代中国哲学研究领域中的一个重要组成部分。一大批马克思主义学者投入到人学研究的领域中，为人学研究的发展做出了重要贡献，而人学研究的独特思路和价值取向，也在一定程度上为新时期哲学以及人文社会科学研究的突破和进展提供了新的思路和方向。

人学的诞生和发展，促使我国的现代化进程在历经“物质层面—制度层面—精神层面”三个阶段后，人的现代化终于成为目前中国现代化建设的价值目标。教育紧跟时代的步伐，社会进步和发展需要什么样的人我们就要培养什么样的人，所以，培养社会主义的合格建设者和可靠接班人就是当前我们人才培养的时代目标。与此同时，人学的兴起为我们人才的培养提供了理论支持，思想政治教育与人学结合研究因此成为理论研究的一个新领域。

人学发展体现了时代的要求，也为未来哲学社会科学的关注焦点指明了方向，同时也为马克思主义在中国获取持久生命力提供了理论支撑。马克思主义人学研究的发展与当代转向，为人学与思想政治教育结合研究提供了可能。人学与思想政治教育结合研究是马克思主义人学发展与当代转向的必然趋势，人学与思想政治教育结合研究可以追溯到 20 世纪 80 年代末，直到党的十六届三中全会《决定》提出“坚持以人为本”的新要求之后，随着马克思主义人学的发展与当代转向，人学与思想政治教育结合研究逐渐成为思想政治教育理论研究的热门课题。习近平总书记在 2016 年 12 月的全国高校思想政治工作会议上对思想政治工作提出了具体要求："创新学术话语体系，建立科学权威、公开透明的哲学社会科学成果评价体系，努力构建全方位、全领域、全要素的哲学社会科学体系。"① 为新时代我国哲学社会科学的发展提供目标指向，也为思想政治教育的发展提供了基本遵循。从马克思主义人学视域中开展思想政治教育研究，尤其是围绕现实问题，抓住热点和难点问题，提出人学视角的建议和对策，是推进思想政治教育创新发展的重要方法。

此外，近年来党中央和国务院相继出台了《关于加强和改进新形势下高校思想政治工作的意见》《新时代公民道德建设实施纲要》《新时代爱国主义教育实施纲要》《关于新时代加强和改进思想政治工作的意见》等一系列推进思想政治教育和思想政治工作的文件，从思想政治教育的核心任务、基本内容到育人方式、实践策略等，都为我们从人学视角开展研究提供了方向的引导和要求。此外，对支撑和推动人学与思想政治教育结合研究的经济、政治、文化、科技等层面的时代背景和现实因素加以深入阐释，剖析其内在的必然性联系，揭示人学与思想政治教育结合研究的客观依据与现实基础，对于我们坚定把握"以人为本"理念，推动理论研究与实践层面的深入发展，有着重要的现实意义。

近年来，思想政治教育基本理论的研究在持续加强，从规律、目的、本质、内容，到舆情监督、话语创新、载体拓展等呈现出蓬勃发展的趋势，实现了宏观问题与微观问题结合研究、理论问题与实践问题结合研究、社会问题与学校问题结合研究等研究领域不断延伸的局面，而且伴随着数字化、智能化时代的到来，人工智能技术的发展对人的思维方式和思想认识都产生了深远影响，"元宇宙""AI"等概念已经渗透到普通人的生活，从人学视角来讲，思想政治教育要借助新媒体占领思想的阵地，监测网络舆情发展态势，抓住网络空间人们

① 《习近平在全国高校思想政治工作会议上强调：把思想政治工作贯穿教育教学全过程　开创我国高等教育事业发展新局面》，《人民日报》2016 年 12 月 9 日第 1 版。

交往的特征，主动干预并引导大众思维方式和思想活动，构建与数字化、智能化时代相适应的思想政治教育新形态。

第二节　国内外研究状况综述

多学科交叉研究是人文社会科学研究发展的一个新的方向，从人学的视角加强基础理论的研究工作是近些年来学术研究的一个热点，西方学术界和我国学者对此问题作了一定程度的探讨，迄今为止，国内外学者关于人学与思想政治教育的研究文献不胜枚举，包括人学范式的转换、思想政治教育的人性基础、思想政治教育的人本化、从人学视角探讨思想政治教育原则与方法论等方面取得了一系列重大成果，但是这些研究多是从基础理论角度阐释，很多方面依然需要深入讨论，例如关注现实问题的解决途径，基于人学理论的思想政治教育机制等研究较少，现在就学术界的研究状况作以下综述：

一　国内学术界研究现状综述

我国关于思想政治教育基础理论的研究开始于改革开放以后，尤其是进入 21 世纪以来，随着“以人为本”执政理念的形成和社会主义核心价值体系的构建，从不同学科、视野探讨理论问题的文章和专著越来越多，研究如何促进和实现教育转型的文章也不断出现，它们分别提出了很多有借鉴意义的学术观点。最早探讨思想政治教育与人学关系的学术论文是李禹兴于 1988 年发表的《思想政治教育是“人学”》，他认为思想政治教育的基本要求在于正确引导人的需求，鼓励并调动人的能动性和创造性。近些年，把思想政治教育同马克思主义人学联系起来，成为基础理论研究的一个新的方向。在 CNKI 数据库检索，设定检索条件“人学与思想政治教育”，共搜索出 460 篇文献，其中学术期刊单库检索到 362 篇，学位论文 54 篇，会议文章 11 篇，时间跨度从 20 世纪 80 年代至今。对这些研究成果进行回顾与梳理，有助于为本书研究和推动人学与思想政治教育结合的实践发展提供充分的学术基础和坚实的思想支撑。

表 1－1　　　　CNKI 数据库文献检索情况（2012—2023）

发表年度	文献总数	学术期刊论文	学位论文
2023	1	1	0
2022	8	7	1
2021	9	5	1
2020	20	14	0
2019	24	13	4
2018	26	21	3
2017	24	19	2
2016	31	22	5
2015	25	22	1
2014	44	35	6
2013	42	29	8
2012	29	23	4

比较有代表性的著作和文章如下：

万光侠教授等编著的《思想政治教育的人学基础》，该书从人的存在论、人的本质论、人的发展论等方面入手，阐述思想政治教育的人学基础，为创新思想政治教育的人学研究方向奠定了坚实的基础。

雷骥副教授的《现代思想政治教育的人性基础研究》，该书“准确把握了思想政治教育的人性基础，从多个方面进行论证和分析，以‘现实的人’作为研究的逻辑起点，紧密围绕人性，全面阐释了现代思想政治教育的原则、规律、方法和手段等。”①

① 张耀灿：《现代思想政治教育人性基础理论研究的开拓性力作——〈现代思想政治教育的人性基础研究〉评价》，《思想教育研究》2009 年第 2 期。

刘芳教授编著的《思想政治教育人本论》，该书从马克思主义人学视角研究思想政治教育的历史必然性及其意义、两者之间的内在关联性、人的思想运动与教育的原则方法等内容。

此外，还有袁本新、王丽荣等著的《人本德育论》，杨艳春教授的《德育人本论》，中山大学杨超博士出版的《现代德育人本论》，分别从德育的人文关怀、大学生教育工作实践、德育的基本问题等进行了理论探索。

文章方面比较有影响力的有张耀灿、万光侠、路日亮、孙熙国等专家学者撰写的理论文章，例如《关于当前人学研究中存在问题的几点思考》《思想政治教育基本规律的人性基础探析》《人的生命价值与人的全面发展》等等，学者们以马克思主义的人学思想为指导，对理论和实践等诸多层面进行了探讨，涉及的领域包括人学取向研究的重要性和必要性，教育原理和方法论的人学反思和建构，研究范式的转换，人学研究的发展及应用等多个方面。

国内学术界同样存在对“思想政治教育和马克思主义人学结合研究”持批判态度的声音，持反对意见的观点集中在研究范式从“社会哲学范式”向“人学范式”的转换中。第一种观点认为，思想政治教育人学范式的提出反映了当代中国社会转型中思想政治工作对“人”的重视，但是，现有的人学范式研究仅仅把思想政治教育视为一种教育活动，对其真实内核却未深入研究，思想政治教育的内核被人学范式研究所架空，从而造成了“人学范式的研究脱离实践，教育的实质被人为掩盖”，真正的人学范式研究应该“重新厘清起源，才能有效避免当前思想政治教育人学范式研究中的人学陷阱”①。第二种观点认为，思想政治教育研究范式经历了社会哲学范式向人学范式的转换，这是“内在矛盾运动和外部环境变迁”共同作用的结果，但是，社会哲学范式强调把“社会政治的需要看作出发点和归宿”，人

① 陶磊：《批判与探索：思想政治教育人学范式分析》，《河南师范大学学报》（哲学社会科学版）2011 年第 2 期。

学范式强调把“现实的人看作出发点和归宿”，两者虽然都克服了思想政治教育的某种困境，却又遇到了新的挑战，李月玲和王秀阁提出了“科学实践观范式才是突破已有范式的局限，是实现原有目标的根本方法”①。第三种观点认为，思想政治教育必须坚持社会哲学范式，当前学者提出的范式转换，仅仅是在吸取以往经验教训的基础之上，对社会哲学范式进行一定程度的“拓展”，而不能从根本上实现范式转换，我们国家坚持的是马克思主义的教育，社会哲学范式完全符合马克思主义的基本要求，因此，“颠覆了社会哲学范式就等于放弃了马克思主义的指导”②。

在公开发表的学术论文方面，学者们的研究重点集中在“思想政治教育（包括德育）与人的关系”方面，这和我党2003年提出“以人为本”的执政理念保持一致。张耀灿教授认为，“思想政治教育目的定位的价值取向就是人的自由全面发展，而现实性原则就是当前目的定位的基本原则”③；冯文全教授提出，“德育的价值包括为社会发展提供服务以及为人自身的发展提供服务两个方面，这两个方面的功能缺一不可”④；骆郁廷教授指出，“坚持以人为本是思想政治教育的本质要求，不仅要把人作为实践主体，还要把人作为价值主体，我们要把握人的价值，满足人的需要，这包括物质需要和精神需要等多个方面”⑤；陈秉公教授强调：“德育应该从以民为本转向以人为本……实行人性化的教育，培养学生的完全人格。”⑥

学者们在探讨“思想政治教育与人的关系”过程中阐述了以人为

① 李月玲、王秀阁：《思想政治教育范式再转换》，《思想教育研究》2012年第5期。

② 陈荣荣：《应慎重提倡思想政治教育人学范式转换》，《思想教育研究》2013年第9期。

③ 张耀灿、曹清燕：《论我国思想政治教育目的的定位——基于马克思主义人学的视角》，《江汉论坛》2008年第1期。

④ 冯文全：《从人的价值角度审视德育的价值》，《高等教育研究》2005年第10期。

⑤ 骆郁廷、王若飞：《也谈思想政治教育要以人为本》，《武汉大学学报》（人文科学版）2004年第6期。

⑥ 陈秉公：《以人为本的德育本体论解读——兼论由“民本”思想影响的德育到“人本”德育的历史性发展》，《教育研究》2005年第12期。

本的基本内涵，把人的地位放在首位，提出关心人、尊重人、爱护人的观点，强调思想政治教育要围绕人本身开展，以人为中心，实现人的自由全面发展。但是，在此基础上，对于其内涵进行更为深入、细致的阐释中，即以人为本的“人”究竟指哪些人以及“为什么”或者说“以谁为本”的问题上，学者们产生了分歧。例如在学校思想政治教育的研究过程中，一种观点认为，我们必须要从学生的需要出发，即“人本化理念的核心是以人为本……从学生的实际需要出发，使每个学生的才能得到充分发挥”①，“思想政治教育中以人为本的‘人’就是教育对象”②。但是也有人认为，把思想政治教育立足于“人的需要”偏离了它的本质要求，不能仅仅从“受教育者的需要”开展教育活动，这样会导致教育实践中的种种误区。对此，有些学者提出，思想政治教育以人为本中的“人”是有多重含义的，既指主体的人，又指成为教育活动关系中的人，有人提出“这里的人不但要进入到思想政治教育关系之中，且是指具有主体性之人。”③

综合学术界对于思想政治教育以人为本内涵的解读，我们可以看出，近些年来学者们对于思想政治教育问题的反思，涵盖两方面的主要内容：一是运用马克思主义的基本原理厘清思想政治教育主客体关系，即重新审视教育者与受教育者之间的关系并展开讨论，学者们把问题出现的原因归结为“人”的缺失，认为“人”的缺失的原因是多方面的，有知识本位、硬性灌输、师生关系失衡等多方面的原因。二是思想政治教育的研究视野要回归现实，考察人的出场、人的价值和人的发展，针对问题提出具体解决方案，例如改进教育方法，注重运用互动式教育手段，教育过程考虑人的接受程度和情感波动，采用以情施教，因材施教等方法。此外，从人学视角研究思想政治教育依然存在部分空白，例如，如何从人学视域中解读思想政

① 李俊：《人本化：全面德育实施的选择》，《理论月刊》2008 年第 8 期。

② 靳志高：《思想政治教育必须贯彻以人为本》，《理论探索》2005 年第 6 期。

③ 陶磊：《思想政治教育以人为本的反思与建构》，《求实》2010 年第 7 期。

治教育功能？如何确立思想政治教育功能的发挥途径？我们可以在明确思想政治教育功能定位的前提下，从人的需要、人格健全、人的价值等多个维度继续深化研究，从而推进人学与思想政治教育的理论发展。

二　国外学术界相关研究状况综述

教育本身是具有普遍意义的，国外同样注重开展思想政治教育，并把它作为一项引导、培养并完善公民思想素质、政治素质和道德素质的一种教育实践活动。与中国不同的是，西方国家“经常使用公民教育、国民精神教育……等名称来指涉实质性的‘思想政治教育’工作”[①]，思想政治教育不是某个国家所特有的，也不是社会主义国家专有的，而是普遍存在的，西方国家不仅有思想政治教育，而且将其作为意识形态领域和思想道德领域的重要教育实践活动，承担着政治教育、公民教育、道德教育等多种功能，所以各个国家的思想政治教育在名称、内容和方式上也都具有各自的特点。

此外，在思想政治教育相关研究方面，西方思想家和教育家对于人的道德教育和政治教育的研究由来已久。早在文艺复兴时期，人本主义思想家就已经提出了教育过程要尊重人的情感、给予人自由、实现人的解放等观点，资本主义制度建立后，西方人本主义思想家提出的天赋人权、分权制衡论、代议制政府论、自由主义等也成为近现代西方国家开展思想政治教育的强大理论基础。17—18 世纪的启蒙运动推动了西方人本主义的发展，西方思想家和教育家开始重新重视人的道德、人的价值等方面的研究，提出了教育要遵循人自身发展规律的要求。例如，康德从人是道德主体出发，强调人的主体性地位，认为人的活动是满足人的需要的价值性目的，提出了“人是目的，不是手

---

① 王璐：《国外思想政治教育创新发展典型模式评析与经验借鉴》，《渤海大学学报》（哲学社会科学版）2012 年第 4 期。

段”① 的命题。康德的道德律讨论的是一种动机论，从人的主体性出发把道德当作目的而不是手段，康德的主体性理论强调人的主体性在道德教育中的地位对于我们今天的德育依然具有一定的现实意义，对发挥人的主体性有一定的积极作用。

19 世纪末以后，西方思想政治教育理论被人本主义的发展推向了一个新的阶段，主体性教育理论从这个时期开始逐渐占据了统治地位。美国著名人本主义教育家杜威明确指出在教育过程中，学生是教育的根本，他强烈反对以教师和课堂为中心的教育思维，并主张教育要贴近人的生活，此外他还坚持教育的实用主义哲学，认为思想教育要从儿童抓起，儿童对教育的渴望来自他的需要，兴趣是引导儿童接受教育的基础，这些思想充分体现了教育者要调动学生（尤其是儿童）的自主性、积极性，教育理念要坚持以学生为中心；基于马斯洛和罗杰斯的人本主义心理学的教育理论，同样认为教育的目的不是为了传授知识，而是为了帮助人发现自己的潜能，努力成为“自我实现的人”，为了实现这个教育目的，就必须改革传统教育模式，创立“以学生为中心”的新型教育模式；柯尔伯格的教育认知—发展理论接近杜威的思想，他认为，儿童接受教育的根本原因在于儿童自身对于价值问题的思考和判断，教育并没有影响儿童的思想，而是儿童自身的原因促进了思想道德的提高。尽管学术观点不同，但是，这些人本主义的教育理论有一个共同的特点，就是教育的目的在于要促进人的发展，也就是教育的目的不论在任何时代和社会都是一样的，就是为了人本身的提升。

在 20 世纪后半叶，西方社会广为流行的后现代主义社会思潮，对教育思想也产生了重要影响，西方学者尤其是后现代主义思想家对主体性教育理论提出了质疑和批判，后现代主义教育理论强调人的主体差异，推崇创造、否定中心，主张开放、平等、多元的教育，其代

① 周辅成:《西方伦理学名著选辑（下)》，商务印书馆 1996 年版，第 370 页。

表人物如美国的小威廉姆·多尔，把教育者和受教育者的主体间性看作是教育的核心，认为教育者不再是外在于学习情境中的“指挥者”，而是和受教育者地位平等的“首席”，教育者的权威并没有削弱，而是需要重新建构，其作用在于促使受教育者主动学习、主动研究并实现自我，把受教育者当作自主学习的主体，两者之间是在平等对话的基础上建立起一种“相互对话、相互合作”的伙伴关系，他主张教育要发挥教育者“施教主体”和受教育者“接收主体”两方面的主体作用①。

到了20世纪后期，西方国家的思想政治教育已经形成适合于本国实际的教育模式，不少西方学者创立了独特的教育模式和教育理论，有很多地方值得我们学习和借鉴，例如美国心理学家加德纳提出的“多元智能理论”、认知心理学派提出的建构主义教育理论，英国道德教育专家彼得·麦克菲尔创建的“体谅德育模式”、法国教育学家涂尔干提出的“个体社会化理论模式”等，国外的这些教育模式“大部分是以科学调研为基础，以人文科学、社会科学等为依托，通过大量的实验、实证、数据分析后得出的”②。西方思想政治教育模式与中国不同，它们本身带有浓厚的政治色彩，但同时或多或少又包含一定的宗教因素，并且能够在追求工具理性至上的文化氛围中得到发展，值得我们注意的是，西方国家的思想政治教育“中心目标始终是爱国主义精神”③，它们将思想政治教育与具体国情相结合，坚持并强化思想政治教育的政治导向功能。

从上面的简要综述中可以看出，现代西方学者在教育的理论研究中已经涉及了人的主体性、人的需要、人的选择与接受性、人的可塑性等方面，这些思想家、理论家在研究过程中多集中在某一方

---

① 戚万学、唐汉卫：《后现代视野中的道德教育》，《教育研究》2004年第7期。

② 周晓波：《美国思想政治教育模式的分析与借鉴》，《辽宁工业大学学报》（社会科学版）2009年第6期。

③ 邵建防、罗骋：《国外思想政治教育特色及对我国的启示》，《湖北社会科学》2004年第8期。

面，虽然没有形成一个统一的、完整的、系统的现代教育理论体系，但是，思想政治教育的创新和发展却从未停止前进。西方学者提出的教育模式或教育理论，为我们理论的发展与完善提供了参考和借鉴。

第三节　研究方法及思路

一　研究方法

方法是打开学术研究之门的钥匙，任何理论研究的创新都离不开方法论上的突破。思想政治教育的研究，要在唯物辩证法的指导下进行。因此，本书坚持用马克思主义哲学，即辩证唯物主义和历史唯物主义作为理论研究的哲学基础。既以马克思主义哲学方法为指导，坚持世界观和方法论的统一，又要把思想政治教育原理作为理论基础，强化问题意识，考察现实状况和存在的突出问题，坚持以人为本的核心理念，把现实问题的探讨作为研究的出发点，把研究建立在科学的基础之上。除了坚持马克思主义哲学的根本方法外，本书主要采用了以下研究方法：

（一）逻辑与历史的统一

本书首先面对的是研究涉及的一系列基本的、抽象的理论概念和命题，例如“思想政治教育的基本内涵”，“什么是以人为本”，“马克思主义人学与思想政治教育的关系”等，能否对这些概念和命题有一个清晰、精准的认识，是开展问题研究的前提。同时，从人学视域中展开现实问题的研究，从逻辑角度的分析又不能脱离现实的对照，应该将其放在历史发展与现实要求的视野中，既注重人学思想理论对思想政治教育的影响和促进，又要注重思想政治教育在建设中国特色社会主义事业中的巨大作用，注意以人为本的内在逻辑性。从历史的角度追溯原理论的探索过程，学习并总结理论发展过程中具有普遍性、规律性的内容，实现理论的升华。

（二）多学科整合研究

现代科学研究呈现高度分化与高度综合并存的发展趋势，一方面，各个领域研究的划分越来越详细；另一方面，各个学科之间又相互交叉，相互促进，而跨学科研究又是现代社会科学研究常用的方法。本书就是立足于传统单独学科研究的基础，通过多种学科、多种思维模式的思考，将哲学、教育学、心理学、社会学等多种学科的研究方法整合在一起，加强了理论研究的科学性和综合性。

（三）比较研究方法

本书虽然以马克思主义的人学思想作为理论基础，但是，追溯其他人学理论影响和启示，在中国传统人学理论和方法、西方近现代人本主义、马克思主义人学思想的比较分析中确立思想政治教育的理论之源。

二　研究的基本思路

任何一种教育的产生都有自己的哲学根基，思想政治教育必须坚持马克思主义基本原理的指导；同时，教育也要紧跟时代步伐，思想政治教育的与时俱进符合唯物史观的要求，只有合乎人的发展和人的本质规律，教育才能行之有效地进行。问题研究的哲学根基是马克思主义的基本理论，本书以马克思主义人学为研究视角，从“现实的人”出发，从思想政治教育的现实问题入手，分别从人的主体性、人的需要、人的个性特征、人的发展等方面，探讨解决现实问题的对策，力求在多维度、多层面上对当前存在的突出问题进行人学解答，以推进跨学科研究的进展，补充和完善基础理论，为思想政治教育的理论创新提供新的研究思路和方法。

具体来说，一是从其内涵和本质属性上讲，人的政治观是需要后天培养和灌输的，思想政治教育的核心是意识形态教育，这是它的主要功能和定位。二是从思想政治教育的方法和手段上分析，要提高思想政治教育实效性，思想政治教育过程要以人的方式把握和理解人，把教育对象看作一个个活生生的人，重视人的个性特征，重视人的合理需要，使教育者认识到人有实现自我价值的需要，人有创造和发挥个性的需要，这样教育者才能发现并满足受教育者的需要，并且依靠自身的学识和才华，站在一定高度上引导受教育者向正确的方向发展，促进教育目标的实现。三是从马克思主义人学视角，从满足人的精神需要，引导人的价值实现等方面，探索实践路径，使人获得真正独立的地位，实现人的主体性的发展，实现人的解放与自由全面发展，实现人才培养的目标。

马克思主义的人学思想是理论基础，但是，中国传统人学思想和西方人本主义同样对我们有理论借鉴价值。本书梳理了思想政治教育的理论基础，着重分析了发展现状及存在的现实问题，探讨问题存在的原因。从现实问题的人学解答和人学的基本要求两个方面入手，希望在人学理论的指导下，构建解决现实问题的具体策略和实现途径，创新运行和发展的机制。

三　研究的创新与不足

目前，学术界对于思想政治教育的人学基础，以及从人学的视角研究其目的、价值、过程和方法论原则已经取得了一定成绩，学者在不同领域提出了不少创建性的观点，例如对思想政治教育人性基础的探讨，从人学视角对其目的、价值、过程与方法论原则的专题研究，但是作为一个前沿性课题，人学与思想政治教育结合研究起步较晚、有代表性和创建性的成果有限，目前的研究仍然存在相当多的空场，例如在人学理论资源借鉴上存在严重偏颇，基于人学理论的思想政治教育运行机制，运用马克思主义人学来整体构架其框架体系等系统整体性研究欠缺。

研究的创新之处在于：从问题入手，从现实出发，通过对思想政治教育现实状况的梳理，找出思想政治教育主体、客体、过程和环境四个方面的现实问题，分析问题产生的原因，通过马克思主义人学理论的解答，找出解决问题的途径，用理论解决现实问题。在问题的解答过程中，从人的主体性、人的需要、人的个性特征和人的发展等四个方面探讨，并以人性化为核心对思想政治教育的理念、原则、方法、环境和机制等五个方面进行补充和完善。本书研究的重点在于从现实问题入手，在理论分析的基础上提出解决思想政治教育问题的实施方案，力争在内容观点和方法上有所创新，为深化思想政治教育的人学研究出一份力。

教育不仅需要理论的支撑，同样需要必要的实践工作的支持，本书的研究工作应该建立在一定的教育实践工作和调查研究中，限于目前条件有限，本书的研究仍然需要进一步拓展，以获取更完善的思想政治教育的实证资料，有待于以后进一步的提高和补充。

第二章　人学与思想政治教育

本章主要是对相关理论进行阐述和分析，从最基本的概念解释入手，分析马克思主义人学的发展历史及前进方向，界定人学和思想政治教育的内涵和本质属性，并阐述两者之间的基本关系。在此基础上从三个方面进行总结分析，即“现实的人”是出发点、“实践的人”贯彻整个过程、“全面发展的人”是最终实现目标，本章最后论述了人学理论的发展对思想政治教育的作用和影响。

第一节　人学研究的发展历史及前进方向

广义的人学研究，概括来讲，就是既要对外面向世界，追求科学，又要向内反求诸己进而思考自我，探寻人本身，这是对人、人生、人的存在、人的本质、人的活动等问题的哲学反思。国内人学研究的理论基础是马克思主义，因此，我们的理论研究必须坚持辩证唯物主义和历史唯物主义的哲学立场。

一　人学研究的发展历史

从概念上讲，人学属于哲学的一个分支学科，它在人的存在、人的本质、人的发展、人的价值及人性等方面的研究发挥着巨大作用，陈志尚教授给人学的定义是“所谓人学，就是从整体上研究人的存在、人的本质和人的活动规律，以及人生目的、价值、道路等基本原则的一门科学”[①]。中国改革的启动、推进与深化，推动了人学研究的发展与壮大。正是改革促使人们在生活方式、价值观念和精神状态等方面发生了巨大变化，而人学的开拓与创立，正是对中国改革的呼应，人学研究在改革的成果基础上建立并发展起来，密切联系时代特点，关注人的核心问题和普遍问题，为新时期人的生存与发展问题的解决提供平台，为马克思主义哲学研究的深入拓展乃至整个哲学领域的研究提供了一个全新的视野和方向。

人学研究以对人本身的反思作为研究的切入点，以对现实的人的关切为基点，以人的实践为基础，以人的解放为目标，确定了人学研究的基本主题，构成了马克思主义人学的当代意蕴。当代马克思主义人学研究的主要内容包括：一是关于基础理论的研究，如人的存在论、人的本质论、人的发展论、人的价值论、人性论等；二是关于思想史的研究，例如中国古代人学思想史、马克思主义人学思想史、西方人本主义思想史等；三是关于现实问题的研究，如人的个性把握、人的素质提升、人格的塑造、市场经济与人等。这三个方面的研究使马克思主义人学作为实践人学，观照现实，从思辨人学走向实践人学，解决社会和人的发展中的重大问题。

人学发展历经四十余年，国内涌现出一批优秀的人学学者，公开发表了诸多学术成果，在中国知网数据库中检索“人学”相关的电子文献，从1979年至今，共检索出68万余条结果，进入新世纪以来，越来越多的人投入到相关领域的研究中，而且近些年来许多学者撰写了不少颇具影响力的人学著作，其中具有代表性的著作主要有：《马克思主义人学与当代中国丛书：人学的科学之路》（黄楠森、韩庆祥）、《新中国人学理路》（路日亮）、《社会主义与人》（陆剑杰、韩庆祥）、《人学新论》（陈志尚等）、《人学原理》（祁志祥）、《马克思人学革命研究》（陈曙光）、《人之谜：马克思主义人学思想研究》

① 孟鸣岐：《理论与现实的热切呼唤——“人学研究对象”研讨会记述》，《马克思主义与现实》1993年第4期。

（李宝刚、王思鸿）等。

近些年来，不少专家学者开始着眼于当代中国社会发展的现实状况，以此为基础推进理论研究的创新，并且希望通过理论来解决社会发展中的许多难题。例如韩庆祥通过对市场经济的调研分析，提出了市场经济确立的根本就在于人的塑造，“体制的转型取决于人格的转型，人的塑造程度影响社会主义市场经济体制的发育程度”①，他认为：“在社会主义市场经济体制下加强人的塑造六个方面的基本内容——确立‘能力本位’的价值观念；提高和充分发挥人的专业才能；完善人的道德品质；培养积极进取的精神状态；健全恪守原则规范的社会性格；培育健康理性的思维方式”②，“社会主义市场经济的建立必须通过人来发挥作用，从本质上讲，也是人格的转型，要打破计划经济时代的人格模式，实现人的解放与发展，实现人的主体性”③。王勇通过分析传统社会福利制度运行中的问题和社会福利供给与群众需求之间的矛盾，探讨构建和谐社会中城市社区福利建设要解决的基本问题。郑功成通过价值判断、权益失衡与制度保障三个方面剖析了当前中国社会的公平状况。吴忠民提出，在一定的社会条件下，社会矛盾的存在不仅呈现出对社会发展的负效应，同时也会成为倒逼改革发展的推动力，他探讨了在实践过程中社会矛盾成为改革发展推动力所具备的现实条件和积极作用。目前，人学的研究经过几十年的发展，取得了一定的成果，未来继续拓展的潜力巨大，广大学者对于人的本质、人的发展和人的价值等核心问题的探讨从未间断，各抒己见，可谓是见仁见智④。

二　人学研究的前进方向

思想的进步需要批判的力量，而马克思主义人学应当成为目前思

---

① 韩庆祥：《社会主义市场经济与人的塑造》，《中国社会科学》1995 年第 3 期。
② 韩庆祥：《社会主义市场经济与人的塑造》，《中国社会科学》1995 年第 3 期。
③ 韩庆祥、王为民：《人学与当代中国社会发展》，《学习与探索》2001 年第 1 期。
④ 参见路日亮、王定功《新中国人学理路》，中国商业出版社 2010 年版，第 11 页。

想理论界的批判武器。它的地位之所以如此重要，是由其研究的内容和方向决定的，人类历史从未停止过对自身的探索和追求，而马克思开辟的人学之路第一次完整地、系统地展开了对人的分析，实现了思想的升华。另外，人学的发展，能够为人类进步尤其是思想的进步提供核心的文化理念，为思想的批判提供前进方向。对人的本质的理解和人的发展的渴望，促使人类不断探索未知的世界，不断改善现有的生存环境，不断提高对自我和对世界的认识，马克思主义的人学思想给予我们思想层面的指引和慰藉，是对我们现实生活世界的关照和理解，人类社会发展的方向需要人学的指导，需要我们继续探索人本身的奥秘，这也是人学自身的魅力所在。

四十余年人学研究的发展，弥补了我们在人的问题研究上的空白，取得了巨大的成就。我们确立了人的主体性地位，强调主体性的研究要建立在对实践活动的把握之上，关注点以“现实的人”为基础，回归人的生活世界，确立了“以人为本”的价值理念和实现“人的自由全面发展”的奋斗目标。马克思主义人学研究在当代发展中的前进方向，具体体现在以下两个方面：一是研究视野的扩展，要实现研究方法的创新，多学科的融合和借鉴，为人学研究的开展提供了新的科学的方法和手段，例如社会学的调研，统计学的分析，数学的模型建立等为人学研究带来了新的工具。二是人学研究从研究内容和方向上看，越来越贴近人的现实生活，马克思主义人学的生活化，使得人们对于理论问题的深入研究能够运用于现实问题的解决，人学成为一种思维方式，成为人们发现问题、认识问题并解决问题的指导方法和原则，并逐渐形成了一种新的哲学范式，即实践人学。

人学研究的发展，得益于中国的社会主义现代化建设，但同时我们也要清醒地认识到发展过程中存在的问题和不足，一些理论问题依然存在争议，没有解决，因此，未来马克思主义人学研究的发展既迎来了重大机遇，同样也面临着巨大的挑战，人学研究要始终保持面向时代背景的问题意识，加强实践性研究，同时还要积极转变思路，创新方法和手段，保证马克思主义人学的与时俱进。

第二节 思想政治教育的内涵及外延

内涵及外延是一项事物的概念的基本特征，也就是它的含义和适用范围。有学者认为，所谓内涵，就是事物内在的特征、本质或者精神被我们通过语言、文字等加以归纳总结所呈现的基本属性，同时由于事物是不断运动发展的，因此，它的内涵也会随着事物的运动而不断变化，相同的概念在不同的情境下，它的内涵也是不同的。思想政治教育的内涵就是思想政治教育本身所蕴藏的，需要整理、探索和发掘才能显示出来的核心思想，反映的是它的本质和具体内容；而这一概念的外延就是思想政治教育所对应的对象的适用范围，呈现的是这一概念所反映出来的功能及在其对象上的表现。所以我们对思想政治教育的内涵及外延的阐述，不仅仅要明确两者的定义，还应该在整个社会生活范围内探讨它的发展过程和现状以及它的具体内容和方法手段。

一 思想政治教育的基本含义

我们究竟该如何科学地解读思想政治教育？这需要从“元理论”的角度来探求它的基本涵义。

首先，我们在对其概念的阐释上，不能简单地把组成概念的词语拆开分析，它们并非独立存在，而是一个完整的、系统的概念。目前，对思想政治教育概念的解释中，学术界基本达成共识，学者们普遍认同“思想政治教育是指社会或社会群体用一定的思想观念、政治观点、道德规范，对其成员施加有目的、有计划、有组织的影响，使他们形成符合一定社会所要求的思想品德的社会活动。”①

① 张耀灿、郑永廷等：《现代思想政治教育学》，人民出版社2006年版，第6页。

这一概念的解释道出了思想政治教育的基本内涵，可以从三个方面去了解：一是思想政治教育的目的是培养人才，为建设社会主义事业服务，培养人的思想道德品质和政治素养，使之符合一定的社会要求；二是它的基本内容涵盖了三个方面，即思想、政治和道德三方面的教育内容；三是思想政治教育的主体是社会或社会群体，客体是广大社会成员，介体是教育活动。

这一定义基本说清了思想政治教育的目的、内容和构成要素，有助于我们理解和把握思想政治教育的内涵，但同时也存在一些有待补充和探讨的问题。例如，概念中强调了思想政治教育的工具性特征，看到思想政治教育为社会服务的一面，突出了社会发展的需要而没有关注人自身发展的需要，是否符合教育的属人性特征？关于思想政治教育的目的，概念中“一定的社会要求”具体是要符合什么样的要求，达到什么样的目标？关于思想政治教育的主客体关系，概念中突出了社会与社会群体作为组织者和教育者的主体地位，而忽视了广大社会成员作为教育客体在思想政治教育活动中所发挥的作用，这与我们提倡以人为本，调动受教育者主观能动性的教育理念并不相符。这些问题的提出是因为社会的发展及思想政治教育的对象本身发生了巨大变化，主要表现为社会大环境由封闭、单一走向开放、多元，人的个性特征和精神需要日益凸显，因此思想政治教育的理念和方法也要随条件的变化而改变，而它的基本涵义也要随着时空的变化而与时俱进。

通过借鉴前人的研究成果和理论分析，结合时代发展的背景和现代社会人的发展需要，我们可以对其基本涵义做出一些补充：坚守的教育理念要注意把握人的个性特征及精神需要；遵循的规律要注重他律和自律的统一，不仅要注重外在的约束和引导，更要强调个人的自觉与协调；教育的目的不仅是为了使广大人民群众的思想和行为符合国家、社会、人类历史发展规律的需要，达到整个社会文明程度的提高，更重要的是实现人的自由全面发展的目标。这一补充，有利于整体价值目标的实现：即工具性价值与目的性价值的统一；自我价值与社会价值的统一；主体（教育者）价值与思想政治教育客体（受教育者）价值的统一。

此外，我们在日常社会生活中对“思想政治教育”基本涵义的理解，既可以把它看作一项教育活动，同时也需要把它提升为一项工作和事业。两者是相互依存的，说它是教育活动是因为思想政治教育的目的在于育人，说它是一项工作乃至事业，是由它在我党日常工作中的地位和作用决定的。因此，我们对于思想政治教育内涵的理解要从它的本质、内容、目标和价值等方面入手，全面把握它的基本涵义。

二　思想政治教育的基本内容

“目标”“目的”与“内容”有着这样的内在关系：目标是实现目的所能达到的预期效果，而目标又决定着内容的选择。在阶级社会中，统治阶级总会把自己的政治思想和道德要求灌输到整个社会中去，用来维护自身的利益，达到统治的目的。因此，政治教育必定成为阶级社会中思想统治的核心内容。当前我国思想政治教育以政治教育为主导，涵盖思想教育、道德教育等诸多内容构成完整的体系。

那么究竟什么是政治教育，它包括哪些内容，是我们准确把握和理解它的内涵的前提条件。

第一，什么是政治教育，怎么界定政治教育概念。政治教育是统治阶级向广大民众，通过一定的方法和手段，传递政治文化，培养并提高公众政治素养，使公众形成一定的政治观念和政治信仰，促进社会稳定发展的一项精神实践活动。政治教育是我国思想政治教育中的核心内容和重要组成部分，所谓政治教育，就是“形成人们正确的政治意识，正确认识和掌握党和国家的方针政策，并在实际工作中贯彻执行的教育活动。”① 早在抗日战争时期，周恩来同志就十分重视军队

① 陈万柏、张耀灿：《思想政治教育学原理》，高等教育出版社2007年版，第119页。

的政治教育，他在谈到开展军队政治教育时，就讲清楚了军队中广泛开展政治教育的重要性，他明确提出了政治教育在我们革命队伍中的重要作用，指出军队的政治工作是“提高军队战斗力，团结军人和人民，保证战斗取得胜利的关键”①。无论是在军队还是在社会中，开展政治教育的目的在于培养人们正确的政治观念和政治信仰，关注国家方针政策，使思想与行为同党和国家的要求保持一致。

第二，政治教育主要包括哪些内容。概括来讲，政治教育的主要内容包括对政党、政权和社会制度的教育，例如“社会主义制度教育、党的基本路线教育等都属于政治教育的范畴。”② 也有学者提出，“在新的历史时期，政治教育的任务包括基本路线的教育、社会主义民主和法制教育、纪律教育三个方面的内容。”③ 学者们普遍认为，政治教育的内容紧紧围绕着“政治”来展开，包括政治立场、政治理论、政治纪律、政治品德、方针政策、时政新闻的宣传教育等多个方面。

学术界一般认为，除了政治教育以外，思想教育和道德教育的地位同等重要。政治教育如前文所述，目的在于树立人们正确的政治立场；思想教育包括人生观、世界观、价值观的教育，目的在于促进人们的思想认识水平的提升，促进人们乐观向上的进取精神的培育；道德教育的内容有社会主义的道德教育、中国传统道德教育、家庭和职业道德教育等多个方面，教育的目的也是为了提高人们的道德觉悟，锻炼人们的道德意志，陶冶情操，形成良好的道德品质。也有的学者扩充了思想教育的基本内容，把法制教育、纪律教育、环境教育等内容纳入思想教育之中，同时非常重视心理教育的地位和作用，把心理教育作为一项独立的教育活动，也就是认为，思想政治教育主要包括

① 《周恩来选集》（上），人民出版社 1997 年版，第 95 页。

② 鲁洁、王逢贤：《德育新论》，江苏教育出版社 2002 年版，第 91 页。

③ 平章起、梁禹祥：《思想政治教育基本理论问题研究》，南开大学出版社 2010 年版，第 138 页。

思想教育、政治教育、道德教育和心理教育四方面的内容，这样调整和组合的原因在于现代社会生活出现了一些新的特点、新的情况，人的心理健康逐渐成为我们关注和讨论的话题，开展心理教育势在必行，对人的心理活动施加积极的、必要的影响，有助于调整人的心理状态，维护自身的心理健康。

思想政治教育的发展过程并非一路坦途，而是经历了艰难的探索，有经验也有教训。在相当长的一段时间内，我们把思想政治教育的内容简化为政治教育，忽视了思想教育、道德教育和心理教育的发展，我们不能丢掉政治教育的根本，同样也不能忽略思想教育、道德教育和心理教育的重要作用，但是，在目前的教育实践过程中，存在着这样的危险情况，即有人企图淡化人们的政治意识，抵制政治教育的重要作用，以西方所谓自由主义的一套理论来掩盖他们的险恶用心，使我们的思想政治教育存在去政治化的风险。为此，我们必须坚持基本原则不动摇，高度重视政治教育的地位和作用，牢牢抓住思想的稳定是一切社会的稳定这一根本条件，在具体教育内容的实施过程中，突出政治教育作为我们的核心内容，同时推进思想教育、道德教育和心理教育的发展，目的是完善内容体系，有效推进理论的创新发展，帮助人们树立起适应社会主义现代化建设需要的思想道德和人格。

三　思想政治教育与德育及公民教育的区别和联系

“思想政治教育”概念有着很长的演变历史，早在1847年，马克思和恩格斯就已经使用了“宣传工作”的概念，到俄国十月革命时期，列宁把“政治工作”和“政治教育工作”作为宣传工作的重点，自中国共产党成立以来，“思想政治教育”的名称也经历了从“理论教育”“政治教育”，到“政治工作”、“思想工作”、“政治思想工作”的转变过程，直到进入改革开放新时期以后，“思想政治教育”的概念才固定下来，进而取代其他提法而成为统一的规范的概念。此外，与思想政治教育联系密切、意义相关的概念还有德育、公民教育等。那么，思想政治教育与上述概念是何关系？弄清这个问题，将有助于全面、准确把握思想政治教育的基本涵义。

（一）思想政治教育与德育

在社会生活中，思想政治教育与德育既有交叉重叠又有显著区别，具体表现在：一是从概念上讲，德育属于教育学的一个概念，与智育、体育、美育相对，而思想政治教育属于意识形态教育，它们教育的性质不同。二是从内容上讲，前者包括四大核心教育内容，是对人们在政治、思想与道德等方面施加影响的活动，目的是培育人们的社会主义思想意识、文明行为习惯和良好的思想政治道德素质，而德育主要是进行行为规范的教育，重点是内化道德规范，提高道德自律能力，在新的时期，德育的内容也更加广泛，涵盖了经济和社会生活的各个领域，包括社会公德、职业道德和家庭道德教育，以及经济伦理教育、生态伦理教育和网络道德教育等多个方面，这些内容反映了德育的时代特征，两者在内容方面有交叉也有不同，相互影响相互作用。三是从教育对象上划分，思想政治教育覆盖全体社会成员，承担着全民性的教育责任；而德育有广义和狭义之分，广义的德育是面向全体社会成员，范围小到家庭和街道，大到社会和国家，而狭义的德育是面向学校，对象是全体在校学生，是帮助学生树立一定的世界观、人生观和价值观，帮助学生形成一定的道德观和政治观，促进学生道德发展的教育活动。

学校的德育是一种旨在培养学生道德观念、道德标准和道德行为的教育，涉及多方面的知识和内容，比如道德哲学和伦理学，目的是促进学生在日常生活中作出道德决策实践。在德育中，学生将学习如何识别道德问题、评估道德行为并做出合适的选择。学生在接受德育的过程中，学习道德标准，如诚实、尊重、责任和公正，并将这些标准应用于他们的个人和社交生活中。德育可以帮助学生培养对自己和他人的尊重，培养道德勇气和自律精神，这些品质在步入社会时，在他们的职业生涯中起到非常重要的作用。因此，学校德育与思想政治教育在内容、目的和要求上是基本一致的，是对人们开展思想、政治、道德品质的教育，目的都是培养符合社会所需要的合格的人才，也就是培养社会主义的合格建设者和可靠接班人。

（二）思想政治教育与公民教育

公民是一个法律概念，而公民教育就是要培育所有公民有效参与国家和社会公共生活，使之成为合格公民的教育活动。公民教育的内容、目的等与道德教育不同，公民教育面向国家范围内所有公民，旨在培养公民意识和参与社会的能力，使人们能够理解和履行自己在社会中的责任和义务。公民教育有多种方式和渠道，既有学校开展的针对学生群体的政治科学和公民教育课程，也有各种社会实践活动，比如志愿服务和社区服务。

公民教育侧重于帮助公众了解政治制度、政府职能，培养公民参与政治的知识和技能，学会保护个人和他人的权利，如何表达观点和参与公共事务及决策过程。公民教育既可以帮助人们了解政治、社会和经济问题，也可以为人们的发展提供指引。当然，不同国家的公民教育内涵不同，同时不同时代的公民教育又各自带有所处时代的烙印，例如，古希腊注重培养人的忠诚、智慧和勇敢，目的就在于促使本国公民服务于奴隶制社会的生活需要；资本主义国家的公民教育以个人主义为核心，崇尚个人的自由、价值和独立，以资本主义的价值观和世界观培养本国公民树立一定的政治思想、法律基础等公民意识，促使每个公民都能够具有为国家服务的基本能力，资本主义国家的公民教育在一定程度上承担着思想政治教育的基本功能，所以，有学者就提出了“资本主义国家必然存在事实上的思想政治教育”。尽管两者在内容选择、目标制定和方法运用等方面有许多重叠和相近的地方，但是思想政治教育在内涵和适用范围方面要比公民教育广泛得多。

无论是德育还是公民教育，都能够为人们提供基本的价值指导和思维技能，帮助人们成为对自己和社会负责的公民。通过这些教育，尤其是学校开展的德育和公民教育，可以帮助学生更好地了解个人发展和社会发展，为成为一个更好的人和合格公民打下基础。

第三节 思想政治教育的马克思主义人学基础

探寻马克思主义发展史，我们可以发现对人的关注和研究始终贯穿其中。马克思开辟的人学道路，使人类第一次科学地阐释了人的问题，在批判地继承以往哲学家关于人的思想研究基础之上，马克思结合当时社会现实的变化，从整体上把握人的历史形成，通过社会实践，从人的多样性的存在审视人的本质，对人的问题展开系统研究，开始了马克思主义人学思想的探索之路。而后来的马克思主义经典作家又发扬并继承了马克思人学思想的研究，使马克思主义人学实现了对历史上人学思想的扬弃与超越。马克思主义人学对人的问题的关注是基于现实的、活生生的人，而思想政治教育的主体和客体都是人，从根本上讲，人的问题才是最核心、最关键的问题。

一 “现实的人”与思想政治教育的出发点

任何一种系统的理论，都会有其特定的思想基础和逻辑前提。马克思在批判德国古典哲学的抽象的人时，认为费尔巴哈理解的人是脱离了感性实践活动的人，他指出“费尔巴哈对感性世界的‘理解’一方面仅仅局限于对这一世界的单纯的直观……费尔巴哈设定的是‘人’，而不是‘现实的历史的人’。”① 马克思的这句话强调了一个极其重要的概念即“现实的人”，这也是马克思人学思想同以往传统的人学思想的本质区别。

马克思开辟的人学道路，不再是以某种“抽象的人”作为研究人

① 《马克思恩格斯文集》第1卷，人民出版社2009年版，第527页。

的前提和出发点，而是要注重考察人的生活世界，在现实活动中去理解从事现实活动的“现实的人”。西方传统哲学对人的研究之所以建立在抽象化的人基础之上，与其“本体论”哲学思想有关，马克思对抽象的人的批判主要针对的是德国青年黑格尔派关于“实体”“自我意识”等精神的重要作用以及费尔巴哈的人本主义思想。马克思在批判以往抽象的人的基础上，把人学研究的视野集中在人的生命存在和生活活动中，而不是人的意识、思维和思想中，集中于人的生产、劳动等实践活动的关注上。马克思和恩格斯对此有过详尽的论述，他们指出“这些个人把自己和动物区别开来的第一个历史行动不在于他们有思想，而在于他们开始生产自己的生活资料”①，“并不是‘历史’把人当做手段来达到自己——仿佛历史是一个独具魅力的人——的目的，历史不过是追求着自己目的的人的活动而已。”② 也就是说，人的存在是历史存在的前提，人的活动决定了历史发展的进程。那么我们如何理解人的存在呢？人的存在的规定性又是什么？马克思、恩格斯指出，现实的、有生命的个人的存在，是由一定条件下的从事物质生产活动的方式来决定的，即“个人是什么样的，这取决于他们进行生产的物质条件。”③

综合以上论述，马克思主义理解和把握人的前提和出发点，无论是从其哲学范式和理论体系的基础上，还是从历史发展的过程中考虑，都确立了从人的生命存在和实践活动中去理解人、把握人、解决人的问题。马克思主义人学强调的现实的人，就是在一定社会条件下，从事物质生产活动的人，从人的现实性、能动性、生成性等方面理解人，充分肯定了人的价值。马克思认为，“现实的人”指的是“从事活动的，进行物质生产的，因而是在一定的物质的、不受他们

① 《马克思恩格斯文集》第1卷，人民出版社2009年版，第519页。
② 《马克思恩格斯文集》第1卷，人民出版社2009年版，第295页。
③ 《马克思恩格斯文集》第1卷，人民出版社2009年版，第520页。

任意支配的界限、前提和条件下活动着”[①] 的人。

在这里，马克思把“现实的人”放在社会历史关系中考察，具有多重意义：

第一，从“现实的人”出发，就是从最基本最简单的东西出发，从人的生命存在的角度出发；

第二，“现实的人”是从事一定物质生产活动的人，是从人的“主动性”出发，人的主体能动性是理解人的生产实践活动的自觉意识；

第三，人所开展的物质生产实践活动受社会生产条件的制约。我们可以看出，马克思理解人、把握人的前提和出发点是“现实的人”，或者说是“现实的人及其实践活动”。

思想政治教育作为一项人的精神实践活动，要实现人的发展、人的思想和境界的提升，它的出发点当然也要从“人”开始，思想政治教育前进的基础也是基于对“人”的认识的反思。马克思主义人学思想始终贯穿着科学的人学辩证法，我们要以辩证法的思维注重现实的人的生活世界的考察，注意科学与价值、理论与实践的统一：

第一，思想政治教育的视野要集中在现实的人、现实人的生存与发展上。思想政治教育不是抽象的、脱离现实生活的活动，要关注人与社会的发展，关注人的品行、素养、人格、实践能力等的提高。因此，我们教育的目的不仅是要培养与时代和社会发展要求相适应的，具有良好思想政治素质、优良道德品质和健全人格的人，同时还要重视锻炼人的实践操作能力，激发人的想象力和创造力，激活人的潜能。

第二，思想政治教育如何关注现实的人，如何促进人的全面发展？马克思所讲的实现人的自由全面发展，这里的人不是指人民，也不是人类，而是每一个人，或者说是人人。那么思想政治教育要促进

① 《马克思恩格斯文集》第 1 卷，人民出版社 2009 年版，第 524 页。

每个人的发展同我们强调的集体的进步与发展是否冲突？马克思认为施蒂娜脱离了物质的前提，依据利己主义反对共产主义是荒谬的，在他看来，利己主义不过是一种道德观念，而共产主义则是一种经济制度，共产主义者就是要揭示资本主义条件下道德价值对立的物质根源，通过共产主义制度的建立，最终打破并消除这种对立。那么我们现在所说的促进每个人的全面发展，是社会主义条件下每个人的全面发展，这与资本主义条件下的个人主义不同，我们强调的是促进人的物质身体、心理健康、能力素质等的进步。此外，个人的发展是所有人发展的前提，每个人的发展不能以牺牲其他人的发展为代价，而应该成为其他人发展的有利条件，这与以人为本的要求也是一致的。

第三，思想政治教育是培养人、塑造人的精神实践活动，教育过程只能是帮助提高个人政治思想和道德水平的外部因素，还需要个人内化为自己的观念意识，最终在行为中表现出来。思想政治教育虽然不是万能的神话，但是我们要努力提高它的影响力和说服力，要在关注个体生存和发展的基础上，培养拥有健全人格、高尚情操和政治情感的人，给予每个人关怀和帮助，体现思想政治教育的存在意义。

二　“实践的人”与思想政治教育的过程

实践是马克思主义人学思想的关键。马克思创立的新唯物主义哲学实质上也是“实践唯物主义”，他以实践生成性的思维方式把握人，把人看作是历史的、开放的和生成的人，可以说是哲学史上的一次革命。马克思非常重视人的实践生成，他从人的感性活动出发，即从人与自然、人与社会的关系中把握和理解人，他强调，“对于社会主义的人来讲，整个所谓世界的历史不过是人通过人的劳动而诞生的过程，也是自然界对人来讲的生成过程”①。正如有的专家学者提出，“生存实践性”就是“马克思主义人学思想的一条贯穿始终的线索和

① 《马克思恩格斯文集》第1卷，人民出版社2009年版，第196页。

核心”[①]。马克思主义人学思想认为，人之所以为人，就是在人与自然、人与社会的关系中，在人的实践活动中生成，人通过创造性的实践活动不断实现自我超越，创造自己的历史。“实践的人”的思维方式，在理论和实践上为我们考察和把握人的研究提供了根本性的方法论原则。

实践是人的“自由的有意识的活动”，是人摆脱外在的物的束缚，实现自我确证、自我发展的本质。同样，法兰克福学派的创始人霍克海默认为，实践作为“自由的有意识的活动”对于人类社会的发展具有促进作用，他提出“在文明的高级阶段，人类意识的活动不但无意识地决定着知觉的主观方面，而且在很大程度上也决定着客体”[②]，这也是现代西方马克思主义重视人的实践活动的一个缩影。事实上，马克思讲的人的实践活动是感性的、能动的活动，人的实践活动构成了人的社会生活的全部。有学者提出，马克思虽然没有明确将实践等同于人的社会生活本身，我们却可以从他的具体解释中发现，人的实践活动包含着人的物质生产活动和人的社会关系的展开，那么实践其实就是指人的现实生活，“实践其实是现实生活的‘代用语’，他凸显实践是为了回归现实生活总体”[③]。

思想政治教育是人的精神实践活动，而“实践的人”本身则具有双重涵义：第一，实践活动是对人的本质力量的确证。人的本质在改造和创造对象世界的过程中体现，也就是在实践过程中体现，这一过程是对象化的过程。对象世界为人提供物质生产的资料，同时人的对象化活动又改变了世界，为人自身创造了新的生存条件。在这一过程中，劳动发挥着重要作用，是人的对象化活动的根本标志，劳动是人们改造客体同时也是改造主体自身的重要途径，这是一个同时改造客

① 钟明华、李萍：《马克思主义人学视域中的现代人生问题》，人民出版社 2006 年版，第 34 页。

② 霍克海默：《传统理论与批评理论》，重庆出版社 1989 年版，第 174 页。

③ 李文阁：《实践其实是指人的现实生活——实践唯物主义研究之反思》，《哲学动态》2000 年第 11 期。

观世界和主观世界的过程，是人的本质力量自我确证的根本途径。第二，实践活动对人的发展的促进。人的本质在实践中显现并得到发展，人的主体意识通过实践活动来构建，马克思和恩格斯在论述唯物史观的过程中强调要“始终站在现实历史的基础上，而不是从观念出发来解释实践，要从物质实践出发来解释各种观念形态”①，因此，实践对于人的发展的意义就在于，人可以通过改造自然、改造社会的活动，不断提升人的本质力量，不断超越自我，实现自我发展与完善。人通过实践活动实现人的本质力量的确证，是不断扬弃对象世界和人本身规定性的过程，从而在改造对象世界的同时，不断重构人的本质。所以，人的发展不是被动接受的过程，而是在对象世界的改造中不断生成，不断发展。

思想政治教育作为人的精神实践活动，就是要激发或者说是培养人具有鲜明的主体意识和较强的主体能力，要改善人的思维方式，提高人的能力，这就要求教育者要处理好人的发展与和谐社会建设的关系，受教育者要认识到个人作为实践主体所发挥的作用，主动提高个人的环境意识和社会责任感，实现人与自然的和谐发展，人际关系的和谐发展。因此，我们可以认为教育的存在意义就在于培养具有实践意识和实践能力的，能够不断超越现实世界和实现自我超越的主体的人。

当前的社会环境复杂多变，思想政治教育要在纷繁复杂的社会关系中摆脱不利因素带来的负面影响，了解人的思想、人的动向，就要把握人的思想品德的形成发展规律，抓住思想政治教育过程的基本矛盾，采取科学的教育方法和手段，才能实现思想政治教育的目标。

通过分析我们可以得出以下结论：实践贯穿于思想政治教育的整个过程，是促进人的全面发展的一项必要的社会活动，它需要一定的物质生产资料的支持，需要教育者掌握一定的方法和手段，需要受教

① 《马克思恩格斯文集》第1卷，人民出版社2009年版，第544页。

育者动能性的发挥，思想政治教育改善人的社会关系，推进人的能力和素质的提高，是一种确证人的本质力量的方式。通过思想政治教育这种实践活动，改善人们的思维方式，提高人们的思想水平，完善人们的独立人格，培养人们的实践能力，努力促使人们实现马克思所讲的对人的本质的占有。

三　“全面发展的人”与思想政治教育的目标

从社会发展的终极目的来看，人的发展也是社会发展的最终价值目标。对人的发展问题的关注和研究也是马克思社会发展理论的核心。马克思所讲的人的全面发展，有其特殊的内涵，包括人的本质的全面发展、人的素质的全面提升、人的价值的实现，体现于人的社会关系、社会属性当中。在促进人的全面发展的教育实践活动中，教育者通过沟通和交流，通过人与人的交往，传递知识和文化，受教育者才能完成心理、情感的升华，才能使个人有所领悟，并在这个过程当中进一步地提升其认识世界、改造世界的能力。

马克思主义人学的落脚点，是人的发展与人的解放的历史统一，人的解放既是人的发展的前提条件，又是人的发展的重要阶梯；人的发展是人的解放的根本目的和必然结果。当代中国，在中国特色社会主义建设的新阶段，“全面发展的人”又具有了鲜明的时代特征和历史意义，改革开放后，邓小平根据我国基本国情提出了要培养“有理想、有道德、有文化、有纪律”的“四有新人”，这既是思想政治教育的基本目标，也为人的发展目标注入了时代内涵。同时，社会的快速进步又对人的发展目标，对思想政治教育提出了新的时代要求，即实现人的全面发展就是要实现人的素质的全面提升，不仅包括人的科学文化素质、思想道德素质，也包括人的身体健康素质和心理健康素质，这些时代要求是提高综合国力的需要、社会发展的需要，更是人的全面发展的内在需要。人是有意识的社会存在物，一个全面发展的人应该具有高尚的道德情操，具有远大的理想和精神追求。思想政治教育的目的不是按照模具来塑造人，而是要培养具有个性鲜明的、人格健全的、具有高尚思想道德品质的社会主义新人。

培养社会需要的人和实现人的个性发展是思想政治教育无法回避的两个问题，人的全面发展包括人的个性化的发展，人的个性特征是人的活力和创造力的源泉，是社会进步的基础性条件，而社会发展同样需要人们遵守一定的道德规范和社会要求，否则这个社会将失去稳定，国家和民族失去凝聚力，甚至存在导致整个社会失范和动荡的风险。思想政治教育实践活动，既要满足建设社会主义精神文明和发展社会主义先进文化的需要，强调社会化的规范和引导，又要协调人的个性化发展，体现个性化教育的特色。

毛泽东早在新中国成立初期就提出了“没有正确的政治观点，就等于没有灵魂”的思考，强调加强思想政治工作的重要性，在改革开放的攻坚阶段，加强和改进人们的思想工作和政治工作已经成为一项必不可少的教育活动。在具体的教育实践工作中，教育者要贴近人的现实生活，掌握人的思想发展规律，着眼于人的现实需要，调动受教育者的能动性，发挥受教育者的创造力，努力培养具有鲜明个性特征和遵守道德规范及社会要求的现代公民。在处理个人与社会的关系中，教育者要注意引导追求个人利益与集体利益、个人发展与社会需要的平衡，要把对个人欲望的约束和限制转为培养人的社会责任感和集体荣誉感上来，帮助受教育者树立社会的主人翁意识，实现人的素质、能力、个性的全面发展。把马克思主义人学理论的要求同时代发展的具体实践紧密结合，真正实现人的自由、全面、和谐的社会主体之生成。

社会转型带来的是社会环境的复杂多变，而我们应该以积极乐观的态度看待时代的变化。目前，社会中占据主导地位的经济关系、政治关系和思想文化关系等都为人的全面发展创造着愈加充分的有利条件。从新中国成立初期德育为先的教育方针，到改革开放后加强精神文明建设，加强和改进思想政治教育工作，从“三个代表”重要思想的提出，到“以人为本”、科学发展观的落实，再到“四个全面”战略布局的重要选择，我们可以看到，中国特色社会主义道路正在实践中坚持并主导着人的自由全面发展的走向。

第四节　人学理论对思想政治教育的作用和影响

从人类诞生那天起，教育便成为推动历史进步，解放人类思想，实现社会变革的重要因素。思想政治教育作为阶级社会中具有普遍意义的教育实践活动，在提高人的素质、推动人的全面发展，实现人的价值追求方面发挥着独特作用，这些特征与马克思主义人学倡导的理念一致，因此，深入探讨马克思主义人学与思想政治教育的关系，思考人学理论的发展带来了什么样的作用和影响对于将来的研究工作具有重要意义。

一　人的本质论与思想政治教育

关于人的本质问题的探讨，是马克思主义人学思想的核心内容。人之所以为人，由其自身的本质所决定，人的本质并非先天生成，而是在历史的演进过程中不断发展而获得的，它的形成是一个动态的过程，因此，人的本质不是一经获得便凝固不变的，而是不断发展变化的。在人类思想史上，马克思第一次对人的本质做出了科学的、完整的解读，马克思对人的本质的理解是多向度的，不仅解决了“单个人固有的抽象物”的理论困境，克服了对人的本质的抽象化认识，而且强调了对“现实的人”的认识和把握，揭示了人的本质的具体性和丰富性。

马克思在《关于费尔巴哈的提纲》中从实践的角度把人的本质定义为“人的本质不是单个人所固有的抽象物，在其现实性上，它是一切社会关系的总和。[1]”马克思为我们揭示了探索人的本质的正确方法，即从现实的、感性的人类活动中考察，从人的实践中，人的社会关系中出发，同时他还强调对现实的、具体的人的分析，要注重人所处的社会历史环境，注重历史性和现实性的统一，才能准确把握人的本质生成的现实基础。马克思开辟的关于人的本质论的认识，为我们科学认识人自身提供了理论依据，同时也为我们明确思想政治教育的原则和目标，改进方法和手段奠定了一定的人学理论基础。

（一）劳动是人的本质

马克思对于异化劳动的分析来源于黑格尔对劳动的解释，他是在黑格尔对劳动的研究的基础之上批判并继承。马克思认为黑格尔抓住了劳动的本质，但是黑格尔所讲的劳动指的是一种精神活动，而马克思在《1844 年经济学哲学手稿》中所讲的劳动则是人们生产物质生活资料的生产劳动，是实实在在的劳动。同时，马克思在《1844 年经济学哲学手稿》中论述了生产劳动是人类与人类社会形成和人区别于动物的根本标志，是劳动把人从动物界中分离出来。当劳动出现以后，人与自然的关系就从“部分与整体”的关系变成了“改造者与被改造者”，这个时候人的主体性才体现出来，是劳动创造了人本身。达尔文在分析人类的起源中分析了猿转变为人的过程，不仅仅是从自然因素方面考虑，还从有社会性因素也就是劳动和工具的使用等方面考量，认为劳动在推动人类的产生中发挥了巨大作用。劳动把人和自然分离开来，又把人与自然联系起来，是作用于人和自然界发生关系的一个中介，同时劳动也是人类自身与人类社会存在和发展的基础，劳动不仅把人与自然分开，也把人与人区别开来，不同的生产方式把人与人区别，不同历史时代的人是不同的，因此不同时代的人的生活方式也不相同，生活方式是由生产方式也就是劳动方式决定的，不同的工具、不同的劳动方式，造成生活方式的不同，因此人类历史的发

① 《马克思恩格斯选集》第 1 卷，人民出版社 1995 年版，第 56 页。

展本质是也是劳动发展的历史，是生产实践的发展史。

我们也可以从马克思的对象化理论中理解劳动是人的本质，对象是主体相对的概念，是人化的，任何一个存在物本身不可能通过自身的力量来表现自己，只能在其对象中表现自身，对象是表现人的主体的本质力量，那么人是如何来凭借现实的、感性的对象来实现自己的本质？“劳动产品是固定在对象中的、物化为对象的劳动，是劳动的对象化。①”因此，我们研究人的本质就要研究人的创造物，它是人的生命活动的物化、劳动的物化、人的本质的物化。马克思批判费尔巴哈仅仅把人当做自然存在物，指出人的对象不仅包括自然，也包括人类社会本身，人化自然是人把客观世界当作劳动对象生产，人类社会是人把人当作劳动对象生产，因此人化的自然界也是实践生活的一部分，自然界也是人的一部分，属人的自然通过社会关系来表现，人把自身同自然界的关系生产出来，又把人同人的关系也生产出来。人的本质通过劳动生产来表现，同时也在人创造的社会关系中表现出来，这个社会关系包括了人与自然的关系，所以，人的本质是劳动在对象化活动中得到体现，又可以在社会关系中得到确证。

马克思在《关于费尔巴哈的提纲》中的第一条就明确指出，应该从实践出发来理解我们的现实世界，他批判费尔巴哈“仅仅把理论的活动看作是真正人的活动”②，提出以实践作为基础的完整的世界观，认为实践才是“真正的人的活动”。在《1844 年经济学哲学手稿》中，马克思是把劳动作为人的类本质来对待的，这也是和实践是“真正的人的活动”相符合的。劳动是人的主体性和能动性的体现，劳动生产为人类社会提供物质生活生产资料，同时也生产人与自然以及人与社会的关系，马克思在《1844 年经济学哲学手稿》中分析了劳动异化的产生。在私有制的条件下，人和自然、人和人是对立的，人的本质与人异化，实现共产主义的过程也是劳动的发展过程，是人逐渐

① 《马克思恩格斯选集》第 1 卷，人民出版社 1995 年版，第 41 页。
② 《马克思恩格斯选集》第 1 卷，人民出版社 1995 年版，第 54 页。

克服异己实现人的本质复归的过程。

（二）劳动异化与人的解放

马克思在《1844年经济学哲学手稿》中从工人劳动生产的产品出发，在劳动的对象化中分析了劳动异化，揭示了人的本质——“自由自觉的活动”。异化，简单来说，就是人生产出来的东西反过来反对人，是异己化。马克思在总结了私有制的条件下劳动异化表现在以下四个方面：也就是劳动产品同工人的异化，或者说是产品的异化；劳动活动本身同人的异化；人的类本质与人相异化；人与人关系的异化。同时，马克思在探讨劳动异化时指出，异化还有一个方面是感官的异化，从人的主体性方面来讲，人是具有审美能力的，真正的人懂得欣赏，人是非常有欣赏力的，欣赏音乐等也是对人的本质的一种确证，而异化使人的感官退化。

在资本主义的生产活动中，劳动已经从人的内在需要变成外在需要，工人的劳动不是自愿的而是在资本家的压榨下进行的，不是自由的活动，劳动不再是属于他的本质的东西，而是属于别人的，此时的工人没有幸福，只有不幸，劳动的异化导致工人丧失了自己的人性

马克思在《1844年经济学哲学手稿》中提到人的类本质，人的实践根本上不同于动物的本能活动，但是在资本主义条件下，人的自我活动、自由活动的类本质被贬低为“手段”，人的类本质在于人是有意识的存在物，动物是无意识的存在物，人有自我意识，同时人也有对象意识，人之所以是人，就在于人能够意识到自己的存在，意识到自己的生命，或者换句话说，人可以把自己的存在，自己的生命当成自己的对象。动物既没有自我意识，也没有对象意识。因此动物的生产是片面的，人的生产是全面的。所以，人的本质是劳动，这种劳动不是维持生存的“手段”，人是在劳动时获得自我意识的。人和人之间关系的异化就是人与人的对抗，劳动的异化掩盖了人的本质，使人在社会生活生产中转变为“非人”。那么，异化究竟是如何产生的？马克思在一年之后的《德意志意识形态》中做了解答，他具体分析了

劳动发展的过程，认为分工的产生和私有财产的出现是紧密相连的，两者是同一问题，分工的产生导致了私有财产的出现，最后又证明了异化根源于劳动的发展同时伴随劳动的发展而出现了分工的发展。旧的分工的消灭、异化的消灭，同私有财产的消灭和阶级的消灭一致，都是以生产力的高度发展为前提，伴随生产力的发展而实现共产主义。

马克思在《1844年经济学哲学手稿》中提到了“共产主义”，真正的共产主义社会是人的全面发展，包括“人的一切感觉和特性的彻底解放”，是最丰富的人的感觉，是人与对象的高度统一，同时人的感觉异化得到真正的解放。对象指的是表现人的主体的本质力量，人的感觉指的是具有欣赏力的感觉，人的对象化是人为了发展的需要开展的有目的的活动，这是人与人社会关系沟通的基础，这不是理论的分析而是实践活动的具体展开。共产主义要实现“人的本质的真正占有”，实现“私有财产即人的自我异化的积极的扬弃”，马克思所讲的“真正的占有”既是个人的又是全社会的，以公有制的社会财产形式表现出来，那么人类的劳动才能得到真正解放，人类的生产才能达到全面生产。

（三）人的本质在于社会性

马克思于1845年写的《关于费尔巴哈的提纲》语言简洁凝练，开篇就明确指出了旧唯物主义的缺陷，用实践的观点来批判旧唯物主义没有看到人在改造世界中的能动作用，没有看到“人的感性活动”其实也是一种实践活动，抹杀了人的能动性，旧唯物主义缺少运动和发展的观点。马克思批驳了费尔巴哈把宗教的本质等同于人的本质，提出，人的本质“在其现实性上，它是一切社会关系的总和”。马克思强调了人的社会性，同时他指出，费尔巴哈的错误在于“撇开历史的进程，孤立地观察宗教感情，并假定出一种抽象的——孤立的——

人类个体。”[①] 所以，马克思认为，费尔巴哈只能把人的本质理解为“类”，也就是社会存在物，“理解为一种内在的、无声的、把许多个人纯粹自然地联系起来的共同性。”人是社会存在物，人不可能脱离社会而存在，马克思在《1844年经济学哲学手稿》中认为，分析人的本质不能从孤立的单个人入手，要把人放在社会中来考虑，要从人的对象性活动中理解，人不仅仅是自然存在的，人的本质要通过人与人的社会关系来反映，在社会生活中人和人之间是如何发生关系的，人只有在劳动过程中才能真正地表明自己的社会存在。马克思在分析异化劳动中讨论“人的类本质”时从个人与社会的关系的角度论述人的本质，强调人的本质在于社会性，这与劳动是人的本质不相矛盾。劳动可以理解为社会关系的动态本性，社会关系可以看作是劳动的社会形式。在生产生活过程中，人与人通过交往发生社会关系，马克思在《资本论》的第一章分析商品的起源过程中，通过商品的交换研究商品的价值，劳动产品通过交换才成为商品，那么商品的交换过程其实凝聚着人与人的关系，所以，人的本质也是在关系中形成的，从对象的活动中理解人的本质。

马克思在《关于费尔巴哈的提纲》的第四条提到了世俗基础，指的是人的社会关系，后面五、六、七、八条是更加深入的解释说明，马克思在第八条中讲“社会生活在本质上是实践的。”人的存在基础是从事物质生产劳动，而物质生产劳动只能在一定的社会关系中才能进行，社会实践决定着人们的社会关系，社会关系决定了人的意识。马克思从人的本质是社会关系的总和来出发，讨论消除宗教的途径，指出费尔巴哈的错误在于他不理解实践在社会生活中的重要意义，所以马克思认为，理论对于实践的依赖在于：“凡是把理论导致神秘主义方面去的神秘东西，都能在人的实践中以及对这个实践的理解中得到合理的解决。”[②] 马克思在第十条指出新旧唯物主义阶级基础的区

① 《马克思恩格斯选集》第1卷，人民出版社1995年版，第56页。

② 《马克思恩格斯选集》第1卷，人民出版社1995年版，第56页。

别，提出了同费尔巴哈等旧唯物主义者在理论出发点上，或者是在追求的目标上的不同，新的唯物主义的目的是“人类社会或社会化了的人类”，要改造现有社会关系，实现人的本质的回归，即人的解放。马克思提出的这个终极目标，是借着批判费尔巴哈的宗教思想，阐述人的本质，人的解放过程要通过实践来实现，实践活动使环境发生改变，进而影响人类本身，随着实践的发展，人在宗教中被异化的本质将复归于人，人才能得到彻底解放，并且只有改造世界的革命实践，才是实现共产主义和人的解放的唯一途径。

在马克思看来，人作为对象性存在物，既是能动的又是受动的，是能动与受动的统一。旧唯物主义没有把人当做实践改造的对象，脱离了人的实践，就切断了人与世界联系的桥梁。在现实生活中，实践是以人为主体，以客观事物为对象的感性的、现实的活动，在共产主义社会里，人的活动与享受是统一的，人与自然、人与社会是统一的，只有在共产主义社会，人的本质才能够全面占有，劳动既是人的本质又是人与人交往的桥梁，是人类自身和人类社会的存在和发展的基础，人的物质劳动决定了人们的日常生活，影响着人们的审美、道德、评价等等，进而影响人们的政治生活和经济生活，这也是经济基础决定上层建筑——物质决定意识，这一唯物主义的基本原理在社会历史观中的基本体现。马克思在《1844 年经济学哲学手稿》中强调自己的思想是“彻底的自然主义或人道主义”，他认为真正的人道主义不仅仅关心人自己本身，也关心自然界，现实世界是实践活动的世界，也是人的世界，人在劳动中使得自己的本质力量对象化，认识在劳动中变为现实存在，人在实践中能够证明“自己思维的此岸性”，异化的消除，人与自然，人与人关系的发展，实现人本质的回归要通过实践并且是革命实践，这种实践是劳动发展的必然结果，劳动发展到一定阶段产生了私有制，在私有制的条件下人与自然，人与人的关系是对立的，人的本质被异化，而劳动的进一步发展在改变自然世界的同时也改变了人与自然、人与人的关系，基于劳动生产至上的人与现实世界的共同发展，是人逐步克服异化、实现本质复归从而实现人与自然、社会和谐发展的过程，也是实现共产主义的过程。

马克思关于人的本质论思想为我们的教育实践提供了一定的理论指导。我们肯定人的自然属性，满足人的合理的物质需要，同时更加注重人的社会属性，实现人的自我价值和社会价值的统一，这些都为思想政治教育的以人为本奠定了思想基础。人的正当合理的需要只有得到满足，个人的发展才成为可能，才能为人的社会价值的发挥提供一定的基础。现代社会的发展促使人的物质生活水平提高，人的精神文化生活日益丰富，思想政治教育要真正做到提升人的精神境界，完善人的道德品质，促进人的全面发展，就必须坚持以人为本，关注人的现实生活和利益诉求，才能发挥它的价值和作用，焕发出持久的生命力。我们需要明确指出的是，思想政治教育关注人的需要，关注个体的发展，是马克思主义的基本要求，符合人的本质的规定性，这与追求共同理想，实现社会价值、实现国家利益并不冲突。因为，现代社会注重人的主体价值的实现，人们只有感到幸福，感觉值得，感受到被重视、被尊重，自身的利益与集体、国家和社会的利益融为一体，才能自觉接受思想政治教育所倡导的政治思想观念和道德规范，并自觉将这些思想变成一种信仰，使每一个人都成为社会主义建设的拥护者、支持者和践行者。

二　人的存在论与思想政治教育

马克思在《1844 年经济学哲学手稿》中批判了国民经济学的缺陷，指出，它没有弄清楚私有制、劳动、资本等之间的关系。马克思从“当前的经济事实出发”，从工人劳动生产的对象入手，分析异化劳动的四个表现形式，在“共产主义”这一章节又讨论了共产主义的三种形式，分析了什么是真正的共产主义以及人类解放的根本途径，并且初步论证了实践范畴。到 1845 年，也就是继《1844 年经济学哲学手稿》后，马克思在《关于费尔巴哈的提纲》中批判了费尔巴哈的旧唯物主义。在《提纲》的第一条里，马克思直截了当地批判了包括费尔巴哈唯物主义在内的一切旧唯物主义的局限性，提出了马克思主义实践观。在《关于费尔巴哈的提纲》中，马克思把人的本质归为“社会关系”，紧接着马克思和恩格斯于1845—1846年合著了《德意志意识形态》，马克思探讨了人的“存在”——人的实际生活过程，“意识在任何时候只能是被意识到的存在，而人们的存在就是他们的实际生活过程。①”在这里马克思所讲人的存在是一个动态存在，指人们的生活，是以实践为基础的人们的生活。社会生活在本质上是通过实践活动来展开的，劳动、生产、实践就是人的存在方式。在马克思看来，劳动的产生伴随着人类从猿到人的转变，劳动的异化就是人类的异化，劳动得到解放，人类就得到了解放，人的本质是劳动，历史是人的本质的展开，真正的人是存在与本质的统一。

马克思的实践生存观是在批判以往的实践观，并揭示人的生存的真正涵义、内在矛盾和发展走向的基础上提出的，他认为实践是人的根本的存在方式，物质生产活动是人的“第一个历史活动”，同时也是人的基本的日常活动，实践使人具有主体意识，既决定了人的自然属性又决定了人的社会属性。马克思的实践生存论认为，人类的生产活动和物质生活是人类社会存在和发展的根本基础，思想和意识是从生产实践中产生和发展起来的。这意味着，在马克思看来，实践是人类社会存在和发展的决定性因素，也是思想和意识形态的来源。思想政治教育是一种旨在通过教育活动来传授思想、道德和政治理念的过程，思想政治教育是一种重要的社会教育活动，旨在培养和发展社会主义思想和文化，为社会主义建设和发展提供理论和文化支持。因此，有许多学者之所以提出人的存在是思想政治教育产生的本体性的逻辑前提，思想政治教育也是人的生存方式，原因就是由思想政治教

① 《马克思恩格斯选集》第1卷，人民出版社1995年版，第72页。

育的实践性决定的，即："思想政治教育的实践活动完成了人的存在；人的本质的生成；人的精神境界的提升；人的全面发展的实现。"①

总的来讲，思想政治教育的实践性决定了它是人的存在方式之一，具体体现在以下两个方面：第一，人在社会中生存，首先要满足自然需要，满足其生物性的需要本身，其次才是作为社会存在物，满足交往的、群体的、社会的需要。思想政治教育正视人的合理的、正当的物质生活需要的满足，满足现代人对自由、民主等的精神追求，理解、尊重并关心受教育者的日常生活，同时在协调和处理社会交往过程中复杂的人际关系和矛盾的过程中发挥着重要作用，通过自身的育人、导向、激励功能促进人的政治社会化，使人完成从"自然人"向"社会人"乃至"生态人"的转化，丰富并发展人的社会性。第二，作为马克思主义的思想政治教育，本身就具有鲜明的生存论特征。马克思所讲的共产主义是"私有财产即人的自我异化的积极的扬弃……是存在和本质、对象化和自我确证、自由和必然、个体和类之间的斗争的真正解决"②，共产主义的实现是扬弃人的尤其是无产积极的生存异化，而思想政治教育的出发点和目的都是人，其要旨就是为了促进人的自由全面发展，使人走出生存困境，不断完善，获得自我的、真实的存在，不断走向未来，人的存在方式在教育过程中实现多样化的发展，新的思维方式、新的思想文化、新的理想追求不断引导人走向成熟，自觉地在生活实践中提升精神境界。

因此我们可以说，思想政治教育不仅仅作为人的一种存在方式，同时也为人的生存和发展提供了引导和支持，思想政治教育从其诞生之日起，就始终伴随着人的成长，不断满足人的生存和发展的需要，具有满足人的需要的客观属性，确立人的存在方式，可以促进我们的教育活动从"要我做"向"我要做"的转变，并且能够发挥引导人

---

① 张轩：《思想政治教育是人的生存方式之一》，《思想政治教育研究》2010 年第 2 期。

② 《马克思恩格斯文集》，人民出版社 2009 年版，第 185 页。

的生存和发展方向的积极作用和影响。

三　人的价值论与思想政治教育

马克思主义人学中关于人的价值论思想的核心在于，人的价值是为人类社会做出应有的贡献，人的自我价值实现要融入社会价值的实现当中。马克思主义的人生价值观有两个鲜明的特征：一是具有社会性；二是具有阶级性，人只有融入社会、奉献社会才能实现个人的价值，我们要把集体利益和国家利益放在首位，而实现人民群众的根本利益才是我们追求的最终目标。但是随着现代社会经济的高速发展，各类思想文化涌动，人们接受外界信息传递的渠道更多，速度更快，多重价值观念的冲突也是不可避免的，这些冲突给我们的思想政治教育尤其是价值观的教育带来了严峻的挑战。面对非主流价值观念的冲击，我们应该保持核心价值观的主导，避免人们陷入价值困惑中，而马克思主义人学关于人的价值论思想恰恰可以帮助我们树立社会主义核心价值观，引导人们正确处理生活中的价值问题，消除外来文化带来的负面影响。

人的价值论思想是我们价值观教育的理论渊源，在探索价值观教育的过程中，我们需要从人的价值与价值观的涵义、价值观教育的意义和价值观教育的方法入手，阐述人的价值与价值观之间的关系，把握价值观教育的责任与要求，不断探索符合社会主义核心价值观建设需要的实践路径。社会主义核心价值观是价值观教育的根本，是全面推进和谐社会建设必不可少的精神基石。党的二十大报告对在全社会范围内广泛开展社会主义核心价值观教育作了明确部署，强调“用社会主义核心价值观铸魂育人，完善思想政治工作体系”。因此，就价值观教育而言，我们必须重视社会主义核心价值观的把握，增强人民群众的思想觉悟和知识水平，努力形成自觉学习、乐于学习的社会氛围。

首先，我们可以把人的价值看作一种哲学概念，它是人们对于自身的发展，在社会中的地位作用以及对事物好坏判断的具体的评价标准和看法，而人的价值观则是人在长期的生活过程中形成并总结的具有一定稳定性和概况性的理念和追求，是一种宏观的、整体的理性认识和把握，是对公平、正义、宽容、奉献等基本的价值原则的凝聚和升华。人的价值观是一种关于价值的理念和认识，侧重于人们对价值的理性认知，是关于人的价值的思想和感情的精华，是人们尊重人、理解人和把握人的一种价值取向和思想追求。

其次，在人民群众中开展广泛的价值观教育，目的在于体现社会主义价值论的内在价值，更好地发挥核心价值观的引领和规范作用，帮助人们树立起对社会主义的忠诚和信仰，以集体主义、爱国主义的奉献精神更好地指导人们的生活实践。社会主义核心价值观是思想政治教育培根铸魂的思想基础。自由、平等、公正、法治体现了时代的要求，也是社会主义核心价值观在社会层面的价值取向。在现实的社会结构中，公民是一个国家和社会最基本的单位，社会主义核心价值观在国家层面和社会层面目标的实现，必须从公民个人层面入手。具体来讲，我们对价值观教育的把握包括以下两个基本方面：一是人们要实现自己的人生追求，得到社会的认可，就要具有美德和高尚的价值追求，能够严格遵守法律和社会规范，我们需要帮助人们正确认识、了解和掌握社会主义核心价值观的基本内容，树立社会主义在人们心中至高无上的地位。二是社会主义现代化建设需要通过营造良好的发展环境，价值观的培育旨在维护社会的和谐发展，引领价值风尚，使每一个社会成员树立社会主义核心价值观，因此，建设良好的社会环境，培育和弘扬社会主义核心价值观，弘扬中华民族的传统美德，努力实现富强、民主、文明和谐等的价值追求，培养人们具有优秀的道德品质和社会责任感，满足人们的生存和发展的客观需要，不断提高广大人民群众的思想和政治觉悟，肩负起实现民族振兴、国家富强的历史使命是我们价值观教育的目标。

最后，尤其要注重青年的价值观教育。早在工人运动兴起之时，马克思和恩格斯就已经认识到青年与工人运动的必然联系，他们充分肯定了青年在推动社会变革和历史进步中的重要作用，强调要高度重视对青年的争取、组织和培育。西方部分学者在对待青年的问题研究上，是把青年作为人生的一个必经阶段或者作为一种意识来认识和理解的，而马克思和恩格斯青年思想的前瞻性在于，他们不仅了解青年的特征，同时又把青年的存在和青年的历史放到社会现实和社会历史进程中考察，突破了唯心主义和庸俗唯物主义的局限。而后来列宁、毛泽东等马克思主义经典作家也同样把青年的研究放在一定的社会背景中，他们关注青年的特征，重视青年在推动革命实践和社会进步过程中发挥的历史作用。因此我们可以说，青年是时代的青年，青年人本身就是一种重要的社会力量，青年的成长成才对于促进社会的健康发展具有一定的积极意义，所以我们要把握青年的个性，正确引导青年、教育青年、培养青年，帮助他们树立以天下为己任的人民情怀和“勤学、修德、明辨、笃实”的价值追求。

青年是富有朝气的一代，李大钊曾说过，“青年之文明，奋斗之文明也，与境遇奋斗，与时代奋斗，与经验奋斗；故青年者，人生之王，人生之春，人生之华也”。青年具有可塑性，他们正处于人生的起步阶段，人生观、世界观和价值观正在形成，青年需要建设，需要社会的正确引导和关怀，广大青年只有通过指引，才能在追梦的路上保持正确的方向；青年善于学习、勇于探索，当代中国青年，和以往任何时代的青年相比，拥有更为广泛的知识储备和更加丰富的理论积累，他们分析问题往往具有个人独到的见解和看法，能够锐意进取、攻坚克难；青年具有思维活跃，善于接受新事物、新观念的特点，他们敢于质疑并打破传统，不墨守成规，随着“互联网+”时代的到来，当代中国青年能够接触更多的新鲜事物、走向更为广阔的舞台。时代的变革赋予青年新的使命，使他们不断思考如何成为“走在时代前列的奋进者、开拓者和奉献者”。正因为如此，我们更应该帮助青年树立主人翁意识，珍惜这来之不易的历史机遇，不断提高青年的思想和政治觉悟，让青年肩负起实现民族振兴、国家富强的历史使命，使之真正成为社会主义的建设者和接班人。

当代青年是幸运的，他们既是中华民族伟大复兴的见证者，更是实现民族复兴的追梦人。所以，我们要把握青年的个性，正确引导青年、教育青年、培养青年，坚定青年的理想信念，加强青年拼搏和奋斗的勇气，点燃青年的梦想，唤起凝聚青年人的激情与力量，让每个人的人生都有出彩的机会，并且能够使他们积极应对所有的困难和挑战，自觉抵制不良社会风气的影响，作社会主义核心价值观的崇尚者与捍卫者。其次，青年又是国家和社会发展的希望，是中国现代化建设的主力军。青年是推动社会发展的精英，是建设中国的中坚力量，青年是否具有进取精神，能否成为现代化的践行者，是建设富强、民主、文明、法治、和谐的社会主义现代化国家的关键，直接影响到中华民族伟大复兴的征程。因此，就弘扬社会主义核心价值观而言，当以青年为重，我们必须重视青年价值观的培育，增强青年爱国爱社会主义的意识。要实现国家富强、民族振兴、人民幸福的中国梦，就必须让青年懂得在圆梦的道路上承担一定的责任和义务。最后，价值观的教育和引领是培养青年具有优秀道德品质和社会责任感的重要途径，是满足青年成长和发展的客观需要。

青年作为建设中国的中坚力量，帮助其树立社会主义核心价值观是思想政治教育培根铸魂的思想基础。“志之所趋，无远弗届，穷山距海，不能限也。志之所向，无坚不入，锐兵精甲，不能御也。”习近平总书记在全国组织工作会议上引用《格言联璧》的古语，告诉我们，立志是事业的基础，志存高远是每一个青年必备的品质，而在心中树立正确的价值观则是青年立志成才的保障。中国古人讲，“修身齐家治国平天下”，这也符合我们社会主义核心价值观的基本诉求，我们把涉及国家、社会、个人的价值要求融为一体，一方面将价值观教育的问题上升到公民信仰的层面；另一方面是核心价值观的树立能够坚定人们的理想和信念，两者是相互促进的。社会主义核心价值观的树立是能够让青年正确抉择，从容自信、坚定自勉，使社会主义精神浸润人心。

此外，社会学大师费孝通先生在《乡土中国》中关于中国乡土社会秩序的建设中提出，秩序的建立不能单靠条文的制定和约束，一定的社会秩序和社会规范首先需要人们思想观念的支持，这实际上也是从社会学的角度告诉我们，价值观教育有助于更好地发挥精神层面的引领和规范作用，是促进广大人民群众拥护和坚定社会主义信念的有效途径。

第三章　思想政治教育的现状审视及问题表现

教育者在意识形态的建设过程中，通过合适的教育方法和手段向受教育者传授政治理论和政治思想，指导人们的思想和行为实践。然而在教育实践过程中，思想政治教育在自身教育理念、教育内容与教育方式等方面也存在诸多问题，出现了理论与实践脱节、受教育者对思想政治教育的逆反心理、被边缘化的倾向等。

经济全球化和文化多元化的发展，给我们带来了机遇和挑战。在新的历史起点上，我国正处于前所未有的机遇与挑战并存的发展时期，国内外环境复杂多变，思想政治领域的复杂矛盾和斗争日益增多，面对新的时代背景和时代要求，我们必须认真对待新时期出现的新问题，加以分析，在这样的背景条件下，思想政治教育承担着稳固人民群众思想，坚定社会主义信念的重要使命，思想政治教育作为提升人的思想品德和政治素养的重要渠道和主要途径的地位依然没有改变，而且它的存在价值和意义更加凸显。因此，有必要分析和探讨当前我国思想政治教育的现状并给出建设性的意见。

当前，由于受到国际政治经济形势复杂多变的影响，我国思想政治教育面临着新的形势和挑战。在教育实践中，我们必须认清思想政治教育的现实状况，找出教育中存在的突出问题，同时，学习和借鉴国内外思想理论界的实践经验，创新方法和手段，强化受教育者的自我教育和创造力，优化内外环境，才能获得不断提高和进步，达到预期的效果。要想找出并解决教育实践过程中存在的突出问题，就必须贴近生活实际，找出问题的根源，不能就现象谈现象，用形式主义的套路来说明一个大家都熟悉的问题，因为偏离对现实世界的考察和经济社会发展大局的把握，是解决不了任何问题的，但是我们也不能纯粹用数据分析代替理论和思想的探索与深化。因此，思想政治教育研究首先就是要强化问题意识，力争做到“现实性”与“深入性”“问题研究”与“对策研究”“理论研究”与“应用研究”相结合。问题意识是科学前进的动力，对现状的反思和挖掘是我们寻求知识和真理的基础，理论的进步也是从反思开始的，我们解决探索道路上遇到的每一个难题和挫折，都是通往成功顶点的阶梯。

因此，分析思想政治教育的现状，找出教育中存在的问题，是我们做好理论研究的第一步。思想政治教育问题表现在多个方面，有意识层面的纰漏也有行为方面的错误，有教育者本身的过失也有受教育者的责任，问题的出现呈现出复杂而多样化的趋势，面对错综复杂的问题表征，我们可以依据思想政治教育的构成要素，把问题归纳整理为四个方面，即主体、客体、过程和环境的问题。

第一节　思想政治教育主体方面的问题

分析主体方面的问题，首要前提就是对主体的概念进行有效界定。陈秉公指出，“教育者是思想政治教育的主体，它包括两层含义：一是指相关的教育机构，二是指从事教育活动的人”[①]。大部分学者都认可教育者是主体这一论断，有人更加详细地划分了教育者的涵盖范围，提出“教育者不仅仅是从事教育的专职教师，还包括政工干部和相关的管理人员和工作人员”[②]。基于以上认识，我们可以认为，思想政治教育的主体主要是指从事教育活动的相关人员，从整个社会中从

① 陈秉公：《思想政治教育学原理》，辽宁人民出版社 2000 年版，第 337 页。

② 孙其昂：《思想政治教育学基本原理》，河海大学出版社 2004 年版，第 269 页。

事相关工作的人员划分，其范围可包括专职思政工作者、兼职思政工作者、学校政治理论课教师、辅导员以及相关的工作人员等。那么主体方面的问题就是这些教育工作者方面的问题。

一　对人的个性特征把握不足

“人的个性”是人的特征之一，也是每个人区别于他人的独特性，人的个性特征具有特殊性，不可复制，重视人的个性特征，实现人的自由全面发展也是马克思主义人学的题中应有之义。

马克思和恩格对人的个性特征的分析是建立在对人的本质的研究基础之上，马克思和恩格斯反对抽象的、脱离历史的人的研究，提倡在一定的历史条件和关系中认识人的本质，通过人所依托的物质生产关系，把人融入社会关系来分析才能体现人的本质。马克思和恩格斯对人的个性特征研究同样是建立在寻求无产阶级个性解放的基础之上，强调个人与社会的辩证关系，他们认为，无产阶级在资本主义社会中被异化——他们的个性无法实现，这是由资本主义的社会性所决定的。恩格斯引用鲁滨逊漂流记的故事来揭示无产阶级个性的丧失，他认为在奴隶礼拜五和奴隶主鲁滨逊之间的关系中，恰巧体现了资本主义社会中无产阶级和资本家的关系，由于阶级地位的不平等，资本家追求的是使绝大多数本应获得平等权利的人仅仅依靠必需的生活资料来勉强维持生存，而无产阶级创造的价值绝大部分被资本家所占有，这种失衡的社会生产关系虽然在一定程度上推进了社会文明的发展，却仍然伴随着人们权利的不平等，直接导致了强者的个性得以彰显而弱者的个性却在逐渐丧失。

现代社会中人的个性具有明显的个体特征，人的个性是受到一定社会条件影响而逐步形成的有别于他人的、单独的、固定性的人的心理特征或外部行为表现的总和。此外，人的个性特征具有稳定性、特殊性和个体性的内涵，是人的创造力的源泉，是社会发展的动力所在。强调关注人的个性特征，就是无形中促进了人的发展，具体表现在以下几个方面：

第一，思想政治教育关注人的独特性。每个人既是一个单独的个体存在，是自然存在物，同时也是社会存在物，思想政治教育作为一项人的实践活动，应该认识到人的活动是处于广泛的、具体的社会关系中，每个人在社会中都有一个特有的角色，承担相应的职能，同时不同的社会关系造就了不同的人，加上复杂的社会关系的影响，人与人的差异性在社会关系中表现得更加突出，每个人在社会中都是唯一的、具体的人，人的个性是人的存在方式，而个性的差异又使得每个人都成为“一个个现实的、单个的社会存在物”。在思想政治教育过程中，由于每个人的心理状态、行为习惯和思维方式都与他人不同，教育者就应该准确把握受教育者的独特性，有针对性地开展教育活动。

第二，思想政治教育关注人的自主性。人的自主性是人的特性之一，是人与其他存在物的区别，自主性体现了人具有自由自觉的能动性，它是人在对象性活动中能够支配和控制个人行为的能力。在具体实践过程中，人的“自由”体现为受教育者对于一定的政治思想和道德规范的学习和掌握，而“自觉”则体现了他们在教育实践活动中能够积极发挥人的自主性，是人的目的性和价值追求的反映。人的自主性是他们在接受教育的过程中能够自觉地意识到，个人是被动接受和主动学习的统一的个体，并且能够根据个体和社会的需要自主地、自觉地开展创造性的学习活动，从而确证个人主体性的存在。

第三，思想政治教育关注人的时代性。历史依靠人的努力而不断前进，而每个时代的人身上都会有所处时代的烙印，市场经济体制呼唤人的独立精神，使个人能够摆脱多种社会因素的束缚，独立自主地通过市场竞争实现个人的目标，为个人创造更高的社会生产力提供机遇。因此，市场经济的发展要求每一个个体都能得到尊重，每一个个人都能充分展示个人的能力，这是一个呼唤个性和能力的时代，马克思在《政治经济学批判大纲》中把人的发展过程划分为三个基本阶段，即资本主义社会之前统治与臣服的阶段；资本主义劳动异化的阶段；人获得独立自主，摆脱依赖，成为社会关系的主人这一阶段。由此我们可以看出人类社会的历史也是人不断发展和完善的历史，现代社会要求人们发挥个性和能力，思想政治教育也要把握人的个性特征，符合人类历史前进的基本要求，才能促进人的发展目标的实现。

中国传统文化历史悠久，以往的教育者大都十分重视整体划一的教育模式，在教育过程中强调教育的普遍性，以一套严格的标准和要求开展教育活动，教育内容是根据教育的整体目标来制定，在教育实施阶段采用规范的教育方法和手段。这种教育模式发挥着重要作用，但是仍然存在一定弊端，它重视人的共性特征，却忽视人的个性，重视提高人的学习能力、接受能力，却忽视了人的创造力、想象力的培养，也正因为受到传统教育方式的影响，思想政治教育往往也忽视了人的个性特征，使得思想政治教育方法出现整体划一和僵化的问题，这种模式单一的教育方法只会导致人的思维的僵化，使人缺乏思考和创新的能力，甚至使得部分人对思想政治教育产生反感、抵触的情绪。中国传统教育具有重群体的价值取向，这种教育精神对于思想政治教育的影响是两方面的，一方面，重群体的教育在培养人的社会责任感、提高人的政治思想水平方面具有推动作用；另一方面，存在忽视个人利益，抑制人的个性发展的风险。这种教育精神重视集体利益的维护，利于集体价值的实现，却忽视了教育在发展人的个性方面的内在价值，不利于人的能动性、创造性的发挥，是教育活动中“人”的缺位，教育的“根”的丧失①。

二　对人的精神需要的忽视

人的需要是人的本质表现，同时人的需要也是多种多样的。我们对需要种类的划分可以通过不同的角度，例如从需要的起源来划分，

① 参见李佚芳《中国传统文化与高等教育个性化的实质——谈一种隐形负影响》，《华北水利水电学院学报》2004 年第 11 期。

可以概括为自然需要和社会需要，而从需要内容所属性质的视角来划分，则包括物质需要和精神需要。一般而言，人的物质需要是人赖以生存的基础，而人的精神需要虽然依赖于物质需要，却又具有相对的独立性，它是人作为社会存在物，有着参与社会精神文化生活的需要。人的精神需要是人们意识、意志、理性的精神活动，是对审美、爱好、交往、情感等方面的表现，是一种对观念对象的追求。

从哲学意义上看，人的精神存在决定了人的精神需要，是人们追求人生意义、探索未知对象、满足个人尊严、人格、荣誉等精神利益的客观反映。人要获得精神上的满足和愉悦，提升人的品位和追求，拓宽人的视野，陶冶人的情操，更多的是要依靠社会来提供，而思想政治教育是塑造人、培养人、发展人的社会活动，无疑也是满足人的精神需要的重要途径。

人具有双重需要，伊壁鸠鲁认为，人的精神需要即“灵魂上的平静”；而马克思认为，人的精神需要包括“对科学的向往、对知识的渴望、他们的道德力量和他们对自己发展的不倦的要求”①。

精神需要所具有的特征表现在哪些方面?

第一，精神需要是建立在满足人的物质需要的基础之上，当人们解决了基本的生存条件之后，才会获得真、善、美等的追求，才能获得欣赏、享受的能力，而且精神需要并不是要实现人对物的直接占有为目的，而是要获得物（及属性）或者他人引起主体的主观感受为目标。例如人对艺术品的精神需要，并不是一定要把艺术品变为自身的一部分，而是要用艺术品来满足人对于艺术的追求，满足人欣赏艺术的需要，来获得精神上的愉快。

第二，人的精神需要又具有多个层次。人是社会存在物，社会关系影响人的精神生活，亲情、爱情、友情等是人们融入社会的纽带，每个人都渴望拥有幸福的家庭、甜蜜的爱情，获得朋友和他人的尊

① 《马克思恩格斯全集》第2卷，人民出版社1957年版，第107页。

重，这是人的精神需要的基本层次；第二个层次就是实现价值、实现自我的精神需要，包括对美好事物的追求、工作或者事业上取得成功、实现人生目标等；第三个层次是人的奉献精神，历史已经证明，无数人为了信念愿意付出巨大的牺牲，能够为了远大的理想和抱负坚持不懈地奋斗，他们认为个人利益是小事，能够为社会为国家为民族贡献自己的力量，人的一生才是有价值有意义的。中国共产党强调为人民服务，讲的就是个人的奉献精神，陈毅在《示儿女》中写道“应知重理想，更为世界谋，我要为众人，营私以为羞”，他要求子女谦虚谨慎、严格自律，要以国家人民为重，正是老一辈革命家追求奉献精神的体现，这也是思想政治教育的时代任务，要引导当代中国青年树立报效祖国的理想，意识到自己是中国的未来和希望，要肩负重大的历史使命，勇于担当。

教育的内容一旦脱离人的精神需要，不能满足人们提高思想道德和政治素养的需求，就会造成人文关怀的缺失和政治引导的弱化，致使人的价值迷失方向，严重降低对人民群众的吸引力。我们在教育的实践活动中，存在片面强调人的社会需要，忽视甚至否定个人需要的现象，这种错误的教育思维源于片面的人性观，它只是把人看作依附于社会的存在物，将人工具化、简单化，忽视了个人发展的需要，这种观念不仅不利于社会的进步，相反会抑制个人能动性、主动性和创造性的发挥，人的精神需要不能满足，是对人的个体发展价值的忽视，结果只会阻碍社会的进步。从当前发展的状况来考察，教育实践过程中对人的精神需要的忽视是片面人性观造成的，在教育实践中重视满足人的社会性需要，强调人对于社会发展的意义和价值，反而忽视了人的个体发展的客观需要，没有考虑如何促进个人价值与社会价值的融合。这种人性观的产生主要是受到当下经济转型与社会转型过程中个体矛盾与社会矛盾凸显的影响，人们不仅关注社会经济、政治、文化的发展，同样更加关注个人成长成才的发展，更为关注个体在社会中的利益问题。如果在思想政治教育实践活动中，教育者仅仅强调人的社会需要的满足，人的社会价值的实现，忽视个人成长、个人价值的实现，而没有考虑不同需要、不同价值的层次性和独立性，甚至以严厉的措辞和强硬的措施来人为消除不同需要之间的矛盾，结果只能造成受教育者精神上的困惑和方向的迷失。当前，我们的教育工作在这一点上仍存在着相当大的问题，这也是导致教育吸引力下降，话语权丧失的一个重要原因。

三　对社会热点问题关注不够

问题是一个时代的口号，发现问题、分析问题并解决问题，是人类改善自我，提高适应能力的基本方法，同时也是人类社会进步的基本途径。社会问题的出现是必然的，它是由一定的社会矛盾或者社会冲突难以调和而激发的，当一个社会问题涉及大多数人的利益而被公众所关注成为人们争论的焦点时，它就成了社会热点问题，而社会热点问题的产生有着一定的偶然因素，所以，我们对于社会热点问题的形成机制尚未达成共识，但是，根据目前的资料分析，我们可以找出社会热点问题出现时一些共有的特征，即人们的关注焦点，问题短时间内难以解决，传播速度快等等。

目前社会中存在的热点问题，是经济社会不断推进、改革不断深入的现实国情的体现，是改革开放带来的伴生物，它能直接反映现实社会的最新动态和人们最为关注、无法回避的现实问题，是改革过程中一些深层次矛盾的凸显，涉及人民群众的切身利益，能够引起社会各方面的关注。自 1978 年以来，改革开放促使我国经济社会取得了瞩目的成就，但是同时，改革和发展过程中一些积累已久的问题日益显现，一些深层次的矛盾出现并需要我们尽快解决。生态环境压力、人们的饮食安全、医疗卫生保障、贪污腐败现象等许多涉及民生的社会问题，随着人们的知识水平、法制观念和维权意识的提高逐渐成为公众关注的社会热点问题，这些问题的出现困扰着人们的日常生活，无形中带给人们巨大的精神压力，如何尽快地、有效地解决这些热点问题，为公众营造一个和谐美好的社会环境，是当前我们民生工作的首要任务。社会热点问题的出现是时代发展的必然，我们不能回避，要采取积极、冷静、科学的态度挖掘问题产生的根源，及时处理并解决问题。

社会问题并非一成不变，而是有可能随着客观条件的变化而不断改变，有些社会热点问题一开始并没有受到人们的普遍关注，但是，受到某些“导火索”的影响而突然成为人们关注的焦点，并呈现传播面广、传播速度快、参与度高的特点。此外，当前我国的社会热点问题影响范围大、被人们广泛关注，许多问题长期存在，例如人口问题、环境问题和治安问题一直都是人们争论的焦点，社会热点问题总体上呈现出以下几个特征：

（1）社会热点问题涉及范围广、数量多、传播快。社会矛盾、吏治反腐、公众人物、公共安全等都是近些年来社会舆论讨论的重点，而公众关注和讨论最多、意见最大的话题也多集中在人们最为关心、最为现实的利益问题上，例如教育公平、食品安全、住房保障等民生问题以及医患关系、权益纠纷、弱势群体保护等社会矛盾的焦点。2014 年位居网络热点首位的马航 MH370 航班失联事件，引发了公众的强烈关注，人们对失踪者家属的关怀和鼓励，对马航工作失误的质疑和愤怒，以及对真相的种种猜测，通过微博、微信、论坛等自媒体平台的传播呈爆发式增长。

（2）社会热点问题的影响力更强。关注近年来国内发生的重大社会热点事件，我们发现一个规律：事件最先是在一个小的范围内公开传播，例如论坛等社交网络，然后通过网友的评论、转发引起公众的普遍关注，随着多重媒体的介入，形成一个传播的引爆点，最后引发全民讨论，将整个事件推上舆论的高峰，形成影响巨大的社会热点问题。2012 年重庆的“雷政富事件”，从网上对事件进行曝光，到微博上相关信息被大量转载和评论，再到雷政富被免职，前后仅用了 63 个小时，可见社会热点问题在现代社会中能够产生巨大的影响力。

（3）社会热点问题往往是由敏感话题引发。随着我国改革开放的不断深入和社会主义市场经济的不断发展，人们对于生活品质的要求也在上升，对于涉及自身利益的问题关注度也在提高，对于危害到社会生活的行为更加敏感，人们的维权意识和法律意识得到了极大增强，面对损害个人利益的不法行为，人们懂得拿起法律的武器维护自身合法权益，懂得借助舆论的力量给不法分子施加压力，一些小的事情也有可能在舆论的推动下成为社会热点。

目前，我国思想政治教育对社会热点问题关注不够表现在以下几个方面：

第一，形式主义依然存在，属于极少数个别现象，教育活动不能紧密贴合人们的实际生活，对公众热衷和关心的话题没有及时给与相应的指导和解答，就无法解决公众对社会热点问题认知上的困惑和疑虑。

第二，网络的发展，自媒体平台的推广应用使得热点问题的传播更为迅速，思想政治教育的话语权在移动互联网时代有待提升。一些从事思想政治工作的教育者，没有充分利用微信、微博、论坛等公众活动的平台，及时回应社会热点问题，没有把握住公众关心的焦点，或者刻意回避食品安全、医疗保障、贪污腐败等敏感性话题，如果思想政治教育工作者不能掌握移动互联网时代的话语权，不能对社会热点做出及时回应，不能引领社会舆论和公众思想的走向，只会使广大人民群众对社会、对政府、对国家的治理产生怀疑，动摇社会主义的坚定信念。

第三，对谣言等虚假信息的危害重视程度不足，没有主动消除不良信息的影响。由于现代社会的信息量巨大，人们无法分辨信息的真伪，加上人们理性意识的缺乏，结果导致不明真相的群众盲目跟风，裹挟加入舆论的争吵，有些不法分子趁虚而入，误导公众，扰乱人们视线，故意挑起社会矛盾，使得公众无法了解事件的真相，造成思想政治教育在社会矛盾和危机的处理面前变得脆弱和无力。

人们对社会热点问题的关注背后，反映的是公众情绪和公众利益诉求的表达，人们迫切需要自身的利益得到满足，不公平的事情得以解决，不公正的待遇得到改善，如果我们忽视了社会热点问题的影响力，或者说应对不及时，采取的措施力度不够，就有可能引发公众的不满情绪，严重时甚至引发群体事件的出现。尤其对于年轻、冲动、开放的青年群体来说，他们的世界观、人生观和价值观还处在形成和发展时期，对于有些问题的认识并不成熟，需要引导和教育，他们年轻、有力量，但是易冲动，容易受到错误信息的误导。因此，思想政治教育要重视对公众（尤其是青年群体）进行社会热点问题的引导，帮助人们树立正确的政治立场，树立正确的人生观和价值观，反过来，社会热点问题的关注和探讨又能促进思想政治教育的凝聚和导向功能。

第二节　思想政治教育客体方面的问题

思想政治教育中的客体和哲学范畴中所讲的客体并不是同一个概念，通常我们对于主客体关系的划分是从人和物的关系上划分的，“哲学上讲的客体是物，思想政治教育活动中的客体是人，人有思想有主观能动性”[①]。思想政治教育是人类一项重要的精神实践活动，作为对象性活动的一种，教育者作为主体，要通过一定的方法和手段，帮助受教育者形成一定的政治思想，遵守必要的社会规范。作为面向人、教育人、塑造人的活动，主客体的划分要从人与人的关系上划分，或者说，我们所讲的教育过程中的主客体关系，是人与人的相互作用。那么，这里的客体究竟指的是什么人？简单来讲，就是受教育者，或者说是教育的对象，和主体——教育者相对，是主体的作用对象。在实践活动中，客体要表现的基本特征和基本功能的发挥受到抑

① 罗洪铁：《研究思想政治教育主客体的必要性及二者的关系》，《思想政治教育研究》2012 年第 2 期。

制，具体表现在两个方面：

一 思想政治教育客体的主动性不强

教育者是客体，客体是现实的、活动的人，有着特殊的规定性。人作为客体所表现出来的首要特点当然是受教育者所表现出来的客体性，其次是具有一定的主动性。所谓客体性，指的是在教育实践活动中，受教育者作为客体，要接受作为教育主体的教育者施加的影响，尊重并接纳教育者的引导、塑造和调控，学习并认可教育者所传递的政治思想和道德观念，是思想政治教育过程中的“受动者”。所谓客体的主动性，就是受教育者作为客体，能够通过感觉、思考和逻辑推理等获得教育主体所施加的政治思想、道德观念等影响的感性认识，能够自觉认清个人与社会要求的差距，进而激发学习和接受教育的动力。需要明确指出的是，客体在接受教育时所表现出来的主动性还体现在对主体传递的政治、道德等思想信息的选择和重构，这是客体不断提高和发展个人政治思想水平的过程。客体表现出来的主动性依然是接受教育的主动性，它是客体性的一种特殊表现形式，并不能因此而改变“受教育者”的客体地位。

但是，在教育实践活动中，客体作为有思想、有情感的人，不仅具有主动性和创造性，在一定的条件范围内还具有主体性。一般来说主体性是主体所特有的，但是，在一定条件下，思想政治教育客体也会具有一定的主体性，例如思想政治教育客体在进行自我教育或者教育他人的过程中，自己也能成为教育者，承担教育主体的职责，这种情形也就是我们通常所讲的客体主体化。它是客体反过来影响主体，进而作用于整个教育活动的过程，实现客体主体化，对提高教育效果有着重要作用。但是，在教育实践活动中，客体的主动性未能充分体现，具体表现在以下两个方面：

第一，思想政治教育的目标是对受教育者传授一定的政治思想、道德要求和社会规范，实质在于思想掌握群众，目的是为了维护党和国家的根本利益，促进社会的发展和进步，实现人的价值和人的全面发展，而受教育者在接受教育的过程中，受到多种非理性因素的影响，在某一环节或者某个方面可能会对教育过程本身产生抵触情绪，这个时候的受教育者作为客体，会把教育过程看作一种负担和压力，进而采取消极对抗的态度，在行为上表现出现知行不一的现象。

第二，“你说我听”的强制性灌输现象抑制了人的主动性的发挥。教育实践活动开展一定的灌输教育是必要的，因为社会主义的思想和理论不会在人的自我意识中生成，只有通过教育的方式才能传递给广大人民群众，但是，在教育的实践活动中，“灌输论”长期被人们简单地理解为填鸭式的教育方式，尽管强制、生硬的教育方式确实存在，但是这并非“灌输论”教育思想的真正含义。灌输教育发挥其有效作用的前提条件是，人的主动性能够得到充分展示，也就是受教育者能够清醒地认识到自己在接受教育的过程中要承担什么角色，为什么要接受教育，能够自觉提高个人的政治思想认识。有数据显示，“89.38%的人对无聊的、照本宣科式的教育有排斥抵触情绪；95.23%的人不认同被动的教育方法，表现出冷漠、轻视的态度；82.6%的人希望教育应该是开放的、互动式的交流活动。”① 因此，只重视“强制灌输”的教育活动不但不会得到受教育者的肯定，实现双方在思想层面和意识层面的交流，反而将人与人的关系降低为人与物的关系，严重抑制受教育者主动性的发挥，使其异化为没有思想的、简单的客体，使教育失去了原来的生命与活力。

二　思想政治教育客体的作用受限制

活动的开展是主客体相互作用、相互影响的过程。其中，教育者是主体，在教育活动中承担着主导作用，支配和引导受教育者思想行为的变化；受教育者作为客体，不具有主导性，但是同样作为有思

① 段文玲：《论思想政治教育与“实践人学”思维》，军事科学出版社2012年版，第21页。

想、有情感的人，客体在积极参与教育活动的过程中，发挥着不可忽视的重要作用。这些作用主要有：

第一，参与作用。思想政治教育客体的参与作用，表现为受教育者积极融入思想政治教育活动中，作为教育活动的受众和主要参与者，具体作用体现在作为教育的对象，没有客体的参与，活动本身就无法开展。

第二，制约作用。思想政治教育客体的制约作用体现在，客体需要引导和塑造，那么客体自身的条件、需要和价值实现直接影响教育内容的制定和教育方法的选择。教育实践活动需要教育者和受教育者以平等、对话和交往的态度共同参与，教育者作为主体，处于教育实践活动的主导地位，既要实现教育的引领和塑造，同样也要考虑到受教育者接受能力、个性特征和思想道德水平的差异，要在尊重、理解和沟通的基础上营造良好的教育氛围，制定针对性的教育内容和目标，这些都是客体对主体乃至整个教育活动的制约作用的体现。

第三，反馈和检验作用。思想政治教育客体的反馈和检验作用主要体现在，现实的教育实践活动中，只能通过受教育者的思想水平和行为表现来检验思想政治教育的效果是否达到，目标是否实现。此外，在教育实践过程中，难免会出现沟通、理解和信息传递的障碍，此时思想政治教育客体，也就是受教育者要及时反馈问题，与教育者通过交流、质疑和讨论的方式，交换彼此的意见，才能使思想政治教育方案顺利实施，才能进一步促进受教育者产生更好的行为，受教育者也能在教育活动中实现发展，不断提高自己，感受到自身思想境界和道德品质的提升带来的喜悦。

但是，在实际的教育过程中，客体的作用未能充分体现，具体表现在：人们急功近利和过于浮躁的一面表现突出，在一定程度上出现政治理想迷失、主流价值观判断偏颇、意志力不强、综合素质与社会责任感淡泊等问题；受教育者对于参加各种思想政治教育活动的态度是，如果没有一定的物质或精神鼓励或是利益为支撑，就会以各种理由搪塞；对于人们日常生活所关注并讨论的话题，相当一部分人最看重的是和个人利益密切相关的问题，以上种种功利主义和个人主义的思想和行为是客体的作用发挥不足的表现。

客体的作用受到限制是其自身定位和功能的发挥出现了问题，具体表现为客体行为的功利化，进而造成思想政治教育的客体走进自我化的缺陷。思想政治教育客体的自我化表现为两个方面：一方面是人们虽然认可社会的发展方向，尤其是年轻人对于个人和国家的未来发展充满信心，渴望投入社会主义的现代化建设，把个人的成长融入集体、社会的发展中，展示才干，增强个人竞争力。另一方面，思想政治教育客体的自我化又存在着意志力薄弱，不能吃苦，以自我为中心和功利倾向较严重等缺陷，集中表现在“荣誉感强，责任意识弱；表达能力强，实践能力弱；参与意识强，分辨能力弱；个人意识强，集体观念弱；个性特征强，承受能力弱”五个方面。思想政治教育客体自我化的倾向，虽然使得人们发表个人意见和建议的积极性大为增加，但是，同时也带来了非理性、信仰迷失等问题。这些问题的解决需要思想政治教育主体根据客体的变化对教育方案进行调整，选择合适的方式方法，根据各种主客观条件，主导具体活动的开展。

第三节　思想政治教育过程方面的问题

所谓思想政治教育过程，是指“教育者根据一定社会的思想政治要求和受教育者的思想政治素质形成发展的规律，对受教育者施加有目的、有计划、有组织的教育影响，促使受教育者产生内在的思想矛盾运动，以形成一定社会所期望的思想政治素质的过程”①。从思想政治教育发生发展的整体过程来看，主要涉及两个阶段或者两大内容，一是教育者依据现有的社会规范和思想道德要求对受教育者的教育过

① 张耀灿、郑永廷、吴潜涛、骆郁廷等：《现代思想政治教育学》，人民出版社 2006 年版，第 324 页。

程，二是受教育者接受教育，将思想、道德、政治素养等内化为自身观念的自我教育过程。从教育者方面考虑，思想政治教育过程的基本环节包括三个阶段：第一，即确定教育目标，制定教育计划的阶段，这个过程包括发现问题，确立教育目标，拟定并修改教育方案等；第二，即教育实施阶段，这个阶段教育者要引导受教育者从品德认知到行为的转化，培养品德践行能力，重视情感和信念的培养，组织实践活动培养受教育者的道德行为和习惯；第三，即教育效果的评估阶段。

一　方案制定阶段的教育理念有待完善

教育理念是关于思想政治教育基本问题的本质和规律的认知，是思想政治教育实践活动的指导思想，关系到教育者主体性作用的发挥，影响教育目标和教育内容的制定。教育要紧跟时代要求，把握客观情况的变化，遵循人的发展规律，及时推进理念创新，把握思想政治教育发展的灵魂，才能坚持正确的导向，促进人的全面发展。然而，当前思想政治教育方案的制定阶段，存在教育者观念不更新、思想不解放的问题，主要表现如下：

（一）现代教育观、人才观和信息观的不到位

现代教育观，是指与现代社会、现代人的发展相适应的教育理念。而教育究竟是为社会发展服务的还是为人自身的发展服务，这两种对立的教育观点一直存在，从当前人们的认识来看，教育是面向全体人的教育，人人都应该实现终生的学习，教育既要促进社会和经济的发展，又要促进人自身的发展，要注重人的持续发展能力，更要培养和激发人的创造力，而在当前的教育实践活动中，少数思想政治教育工作者依然没有树立起现代教育观念；现代社会所讲的“人才”，不再仅仅是对社会有突出贡献的杰出人物，而是包括一切对社会有用，能够适应社会、融入社会的所有人，而当前少数思想政治教育工作者还停留在“社会精英和专家学者”才是人才的观念上；在移动互

联网络时代，信息的传递成为人们沟通和交流的主要方式，网络正不断改变人们传统的思想观念、价值取向、生活方式以及心理状态，信息时代的到来给思想政治教育提出了新的挑战，其中之一就是要求教育者树立现代信息观，能够将网络平台打造成思想政治教育的新阵地。

（二）“科学世界观”的过度崇拜

崇尚科技至上，轻视生活世界，使教育偏离了人文价值，而对“科学世界观”的过度崇拜同样对思想政治教育产生了一定的负面影响。“科学世界观”受科技主义的影响，传播广泛，是一种西方国家盛行的价值观，同样对我们国家也产生了一定的影响，尤其是对我们的教育造成一定的干扰，出现了教育理念的偏差。科技主义伴随着科技的进步逐渐占据统治地位，致使教育思想也向科技崇拜的方向靠拢，这也是当前教育理念偏离的根本原因。“科学世界是一个由逻辑和概念体系构成的灰色的理论世界”①，胡塞尔认为，科学世界的危机源于近代科学已经丧失了它的“生活意义”，成为一种“实证科学”，从16世纪开始，从伽利略将数学引入科学实验开始，一直到笛卡尔创立解析几何、开创欧洲现代哲学，科学就已经逐渐脱离了人的生活，人们开始走上了对科学世界的崇拜之路。之后，随着科学世界内涵的变迁，科学技术的不断发展，科技开始改变人类的生活，科技的地位不断获得提升，人们对于科技的崇拜变得盲目和可怕。科技价值对人来讲本身是一种工具性价值，但是，人们对于科技的崇尚演变为崇拜，会使科技异化为人的对立物的风险日益加大。

思想政治教育也受到科技过度崇拜的影响，把本来对人的问题的关注转化为对构建科学理论逻辑体系的片面追捧。由于科技的过度崇拜，受教育者从生活世界的人转变为实体的人的存在，每个人都成为脱离了社会生活的单独存在。在“科技至上”原则的指导下，每一个

① 项贤明：《泛教育论》，山西教育出版社2000年版，第229页。

人都成为了一个单向度的人，“科学世界观”的过度崇拜，导致教育过程中主客体关系的对立，那么对于教育者来说，在“我”的眼中，任何事物包括人，都成为了客体，就像希腊神话中的“美杜莎”[①]一样，她目光所到之处所有人和物都会被石化，成为她眼中的“客体”。我们认为，过去对科技的过度崇拜是那个时代发展的结果，而今天社会的发展要求我们必须注重科技与人文的双重价值的统一，那么人的世界观也要从“科学世界观”转变为人的“生活世界观”，教育者的视野要转变到人的生活世界中。

（三）人文关怀理念的缺失

人文关怀是思想政治教育发展的必然选择，从本质上讲，也是促进个人成长成才的有力保障，是尊重人、肯定人、培养人、塑造人以及促进人全面发展的一种价值取向。思想政治教育应该具有广泛而深厚的人文关怀的内涵，积极引导人实现精神境界的提升，不断提高个人对崇高理想、高尚情操的精神追求。然而，虽然思想政治教育一直在不断探索体现人文关怀的措施，但是教育过程中忽视人文关怀的现象依然存在，那种只重视人的社会价值，不考虑个体的地位和需求的教育理念依然制约着思想政治教育的创新发展。目前社会中极少数人迷失方向、社会担当和责任意识弱、创新和进取精神不够强、价值观念模糊等现状，从另一个侧面反映出当前思想政治教育人文关怀理念的缺失。具体表现在以下两个方面：

第一，思想政治教育培养方案的制定过程中忽视了人的个性的发展。在思想政治教育培养目标的制定和教育方案的选择阶段，我们过多地采取一元化的标准来衡量和分析受教育者的基本情况，没有考虑受教育者个性的区别和不同群体需求层次的差异，希望能够达到整体划一的效果。由于人的接受能力和认知水平以及个人的思想觉悟的高

① 美杜莎又称蛇发女妖，是古希腊神话中的一个头上长满毒蛇的恶神。她的目光是可怕的，会使被见之人立刻石化。这一神话恰好预示着主体的单一性或唯一性：我即主体，其余皆是客体。

低，加上人的主观能动性的不同，所以受教育者在接受思想政治教育的过程中会表现出较大的差别，这就要求思想政治教育者必须考虑受教育者的现实状况，坚决杜绝“一刀切”现象，要根据受教育者的知识水平、思想品行等方面制定有针对性的教育方案，设法调动他们的积极性。但是，在实践中，教育者忽视人的差异性，以统一的“模板式”的规范生搬硬套，结果适得其反，只会导致教育者的信任度下降，使教育本身的人文关怀无从体现。此外，在教育目标的价值定位上，存在“社会本位”、“集体本位”的错误倾向，“社会本位”思想影响的人，认为人是社会的产物，社会价值的实现是第一位的，这直接导致了思想政治教育的功利化色彩，事实上，现实社会中的人希望其个人的价值获得认可并实现，而“社会本位”思想影响下的教育理念使得许多人认为思想政治教育内容单一、模式化色彩浓厚，甚至产生某种排斥和逆反的心理，这也是当前思想政治教育发展过程中一个突出存在的现象。

第二，人文关怀的重要作用被忽视。人文关怀直接体现在“以人为本”的理念当中，那么与之相对的就是“以物为本”的理念，就是思想政治教育忽视人的存在，不是把“现实的人”作为思想政治教育的出发点，而是把人以外的因素作为开展教育活动的出发点和落脚点，或者说对人之外的“物”的追求超过了对人的关注和理解。思想政治教育“以物为本”理念依然存在的原因，就是极少数教育者严重忽视了人文关怀的重要作用。例如，部分教育工作者开展工作时没有着眼于思想困惑的解答、价值判断的引导和道德标准的规范，也不重视人的素质的提升和个人能力的培养，而是为了完成工作而工作，这就背离了思想政治教育以人为本的基本要求，走进了以物为本的死胡同，这种忽视人的存在和人的需要的错误做法，无法体现教育的人文关怀。此外，政治素养、道德要求和社会规范要内化为个人思想的过程，应该是在没有束缚、没有压力的状态下开展，也就是在内化的过程中要保持受教育者处于自由的心理状态，才能形成个人思想道德认识和实践的能力。但是现阶段我们开展的实践过程中，缺少教育的沟通和互动，从深层次上讲，是缺乏思想的沟通和交流，反而因为过度突出教育者的权威，从教育者的主观愿望出发，没有考虑受教育者的思想状况和心理因素，在思想政治教育培养方案的制定选择中忽视了受教育者的地位和作用，把思想教育过程中的“双向互动”转变为教育者的“独角戏”。这必然导致思想政治教育过程中的片面灌输和生搬硬套，无法调动受教育者的积极主动性，造成实践过程中人文关怀的作用被忽视。

第三，工具理性的突出抑制了人的发展。工业革命带来了机械化的生产方式，从此科技逐渐登上了人类的历史舞台，尤其是进入20世纪以后，科学技术的飞速发展成为一柄双刃剑，在给人类生活带来极大便利的同时，也造成了人的发展的片面化，造就了“单向度的人”。随着科技和商品经济的迅速发展，以工具崇拜和科技主义为生存目标的价值观，导致了“工具理性至上”的出现。对科技的盲目崇拜和物质的过度追求，使得工具理性占据重要地位，人性的自由被束缚，使人的发展呈现片面化，人逐渐沦为片面的人。由于受到“工具理性至上”和“商品拜物教”的影响，思想政治教育过程出现了“目中无人”的现象，教育价值功利化倾向明显，教育变成了简单的说教。“片面追求教育目标的实现，只会造成教育者以统一的标准和要求去对待受教育者，忽视了人们个性特征和思想道德水平的差异性，没有考虑他们的接受能力、认识水平的差别，忽视了思想发展的层次性和现实性。”① 换句话说，工具理性主导下的思想政治教育，仅仅关注于培养和塑造人的某些单方面的素质，按照社会需要去培养人，忽视了人应有的本质，忽视了人的发展的意义在于它的全面性，片面地发展不能塑造完整的个人，工具理性对价值理性的僭越，使人被束缚于狭窄的空间，人的个性被压抑，人的价值无法实现，人成为

① 吴琼：《从“文本”到“人本”——高校思想政治教育范式转换研究》，博士学位论文，复旦大学，2007年。

只具备工具理性的“单面人”。

二　实施阶段的教育方式过于被动

思想政治教育的实质是作为无产阶级和广大人民群众思想武器的马克思主义理论，指导并掌握人们思想的过程。但是，现实生活中仍然存在着教育方式过于被动的情况，而思想政治教育理论与实践的脱节，似乎已成为当前思想政治教育实践过程中难以消解的“痼疾”。

思想政治教育工作者在努力讲、努力宣传、努力做，却往往遭遇到人们的质疑、反问乃至不屑，让教育者处境尴尬；而人们信仰的迷失，道德的滑坡，也让教育者感到痛心疾首，进而批评和指责人的思想的退步。有学者指出，理论的作用在于“引领价值取向、促进新观念体系的形成、提出新问题新任务以及原则性的行动意见等方面”①，而思想政治教育理论与实践的结合，也是教育者深入受教育者的生活当中，感受他们的精神需要和思维方式，体现思想政治教育源于生活，又回归生活的本质。但是教育过程中理论与实践的二元分离问题的存在，造成了教育语言程式化的弊端，造成话语权的丢失，既会使其成为缺乏理论支撑的经验性活动，又因为没有贴近人们的实际生活，无形中降低了教育本身的感染力和亲和力。

理论与实践的脱节，理论话语与实践视域难以融合，使教育的效果大打折扣，具体表现在以下两个方面：

第一，作为主渠道的学校思想政治教育，理论与实践脱节现象依然存在。学校思想政治教育重理论灌输轻实践运用，重课堂教育轻课外培养，重知识传递轻情感维护的问题较为突出。学校思想政治教育的目的是培养和塑造人的思想品质、政治观念、道德情操等，但是目前少数地方的学校思想政治教育存在方法落后、内容陈旧、形式单一的现象，教育过程脱离学生的生活，不能紧跟时代步伐，对青少年学

① 黄伟：《教育实践对教育理论的吁求——从教育实践审视教育理论》，《河北师范大学学报》（教育科学版）2014 年第 11 期。

生缺乏足够的吸引力和感召力。

具体表现在以下几个方面：在教育的实施阶段，少数教师没有准确把握学生思想发展的动向，教育方法和手段的选择缺乏创新，跟不上学生思想变化的节奏；在思想政治教育的内容设置上，固定的教学内容和教育模式僵化，没有紧跟时代的步伐，脱离了现实生活的需要；在教育手段的选择上，没有完全适应信息化社会对学校思想政治教育的作用和影响，教育载体较为单一，现代科学技术在教育手段中的运用不足。原本非常丰富和系统的思想政治教育变得过于形式化和简单化，变得单调而乏味，结果导致学生在接受思想政治教育的过程中，仅仅学习或者了解到部分理论知识，并没有掌握政治思想和道德规范的精髓和实质，更不要说将所学的理论用于指导个人的行为实践。

学校教育伴随一个人的整个学生时代，从小学的思想品德课开始，直到博士研究生的政治理论课，接受思想政治教育是每一个学生的必修课。我们在思想政治教育的学科建设上取得了很大进步，但是教育内容和教学方法的创新方面依然有待提高，学校思想政治理论课的教学与学生发展的联系需要加强，例如理想信念教育、心理健康教育、道德品质教育、职业规划和职业道德教育还有很大的发展空间。此外，极少数的教育者在教学过程中，往往侧重于某一方面，忽视了其他方面的教学工作，例如，有的教育者把思想政治教育片面地理解为形势政策、政治理论的教学，忽视了学生思想道德和行为规范方面的教育，把生动的、活的教学变成了机械的、呆板的教化说理，这样的教育模式即使采取多种多样的教育方式和方法，也难以让学生达到真学、真懂和真用的目的，难以实现思想政治教育“内化于心、外化于行”的效果。

在教育实践过程中有许多成功的案例，例如，清华大学探索出一条思想政治教育理论与实践相融合的新思路。2014 年底，清华大学出版了一套《信仰· 信念· 信心——清华学子学习思想政治理论课成果丛书》，这套丛书精选了清华大学本科生学习思想政治理论课的作品。思想政治理论课的教师，改变了传统的授课方法，针对不同专业不同院系的学生，发挥他们的特长，把思想政治理论的学习融入学生的兴趣爱好中，例如清华美院的学生需要以画作、雕塑的形式完成课程作业，教师们把学生作品按类汇编成册，透过学生的作品，我们可以一定程度地感受到清华学子的精神面貌和价值追求。事实证明，这种结合学生特点的授课方法从另外一个角度加深了学生对于思想政治理论课的认知，这样的做法能够充分调动学生学习思想政治理论课的热情，解决了学习兴趣与教育紧迫性之间的矛盾，真正做到教育理论指导教育实践。

纵观人类教育史，那些指引社会前进，成就人类历史的教育家、思想家，他们都是在关注社会、深入社会、研究社会并最终影响社会的道路上留给我们巨大的精神财富。孔子早在两千多年前就提出了学、思、行结合的教育原则和方法，并率领弟子游学四方、躬身实践；王守仁在五百多年前提出了“知行合一”的道德教育观；科尔伯格在推动现代道德认知发展理论的道路上，坚持以深刻的理性思考和丰富的实证研究，才最终确立其道德发展心理学的理论体系，对美国乃至世界的学校道德教育产生了深远影响。实践是检验真理的唯一标准，脱离了实践基础的理论，不能解决人的实际问题，无法深入人的内心，当然会被束之高阁。

第二，日常社会生活中的思想政治教育陷入单一教育方式的泥潭。所谓教育方式，是指在一定的思想和原则的指导下，教育者为实现教育目标而采取的策略性途径，而思想政治教育方式是解决人们政治思想、道德素质等方面问题的步骤和具体的办法。方式和方法没有本质上的区别，在科学上人们根据具体的规律、法则、定理等选择使用“方法”，例如处理问题的方法一、方法二、方法三等；在抽象的问题上、人文的问题上人们选择使用“方式”，例如生活方式、处事方式、恋爱方式等，前者概念所指的范围较小，后者的使用范围较广。方式和方法，是沟通教育主体与客体的中介，在实践过程中占据重要地位，然而当今社会是一个复杂的系统，思想政治教育的方式方法，总体上遵循了科学性、生活性、开放性及理论与实际相结合的原则，但是，依然存在思想政治教育方式过于被动的现象。

有学者指出，受传统的教育思想和方法影响，当前我国思想政治教育存在教育方式过于被动的问题，"现行'独白'式的思想政治教育实践范式，片面夸大灌输教育的功能……面临单纯社会教育方式的困境……把受教育者当成没有行动能力的'人'，一种被动的、只需要接受先进理论的容器"①。传统教育思想和方法因为受到社会历史条件、人的认识水平等客观条件的限制，未必完全符合现代教育的要求，直接套用有可能导致方法的固化、僵化，这样的做法只会强化灌输教育的地位和作用，人们不要问为什么，只要接受就行了，教育的目的就是灌输。因此，在传统的教育思想和方法影响下，培养出来的人，必然缺乏创造性和进取精神。

事实上，在社会日常生活中开展思想政治教育不同于学校思想政治理论教学，社会教育的载体丰富，可采取媒体宣传、影视教育、戏曲歌舞、社区学习等多种教育方式。但是从现实社会中思想政治教育的实施情况看，少数单位或者相关政工部门在开展宣传教育的工作中依然采取单纯灌输式的教育方法，没有意识到思想政治工作的重要性，工作的形式也就局限于开会、写报告等。总体来讲，思想政治教育工作重形式，轻内涵，方式方法不灵活，"吸引力"不够。例如，日常社会生活中开展思想政治教育，采取宣传教育是最常见的一种教育方式，而宣传教育是一个双向互动的过程，宣传教育的效果要通过受教育者及时反馈信息才能检验教育的目标是否实现，如果受教育者能够认同教育者的理念和观点，那么宣传教育的目的就能达到；反之，则宣传教育的效果就会大打折扣。实际工作中宣传教育的效果之

① 肖应连：《从"独白"到"交往"的思想政治教育实践范式转换》，《吉首大学学报》（社会科学版）2009 年第 1 期。

所以不是特别理想，与宣传教育采取的方式方法不够灵活直接相关。宣传教育应该多采取人民群众喜闻乐见的形式，利用现代化的传媒工具，避免命令式、过场化的说教手段，才能自觉融入人们的日常生活。

我们必须明确的是，教育的对象已经发生改变，“每个人身上都会有鲜明的时代烙印”，现在的人更加关注周围的生活，关心时事政治，沟通和交往的能力大为增强，集体荣誉感强，但是社会责任感较差，一般人面对诱惑时意志力相对薄弱，抵抗不良信息干扰的分辨力较差，少数人存在道德滑坡、诚信缺失、心理承受力不足等问题。随着全球化的发展和西方文化的浸入，民主和自由的思想已经深入中国社会中，人们会反驳与自己观点相悖的理论，但同时，人们也会受到功利主义、拜金主义等腐朽思想的影响，在处理问题的过程中往往不能保持冷静、理性的态度，随着物质生活的改善和生活节奏的加快，人们面临着的困惑和选择也在逐渐增多，焦虑、压力和恐惧等心理问题困扰着我们。因此，需要我们整个社会的共同努力，变被动为主动，抓住教育的主动权，才能给予人们正确的导向和有力的帮助。

理论只有说服人，才能掌握群众。因此，如何尽可能地变抽象的理论为生活的话语，采取灵活多样的教育方式，进一步增强理论对现实社会问题的解释力和说服力，已经成为教育工作者和宣传工作者的当务之急。

三　评估阶段的效果评价未成体系

现代教育理论认为，教育评价是教育过程的最后阶段——效果评估阶段中的重要环节。教育评价是对教育效果进行的评判和定性，是教育过程进行总结工作和问责工作的重要环节，教育评价可以为教育的决策者提供分析的数据①。与一般的教育活动相比，思想政治教育

① 林崇德、姜璐：《中国成人教育百科全书》，南海出版社 1994 年版，第 341 页。

有其自身活动的特殊规律和特点，人的思想道德和政治观念作为精神性因素不能被直接测量，但是，其效果可以通过受教育者的言行举止、外部活动等表现出来，思想政治教育效果评价就可以根据一定的评价标准，通过定性或者定量的方法，对其实际效果进行价值判断。那么，在效果的评价体系中，教育者（包括教育的决策者和管理者）是价值评价的主体，通过确立评价的标准和指标体系模型，建立起思想政治教育效果的反馈机制，效果的评价既是一种提高实效性的方法和手段，又是监督和促进教育目标实现的一个过程。

为了提高教育的实效性，体现教育的人文关怀，实现回归生活世界的教育目标，必须建构和完善系统的效果评价体系。因此我们可以认为，所谓思想政治教育的效果评价，就是依据一定的原则和标准，采用一定的科学方法和技术手段，对其效果的“质”与“量”进行评述和估量。思想政治教育效果评价是定性评价和定量评价的统一，前者侧重于评判和描述受教育者在接受思想政治教育后是否达到政治思想、道德品行、综合素质等的提高；后者是通过数据的收集和对比，对受教育者的行为表现进行量的统计分析。此外，效果的评价也是静态评价与动态评价的统一，静态评价指的是教育的目标是否实现，受教育者的思想状况达到一个什么水平，是对思想政治教育效果的直接检验。而思想政治教育效果的动态评价就是对教育效果的归因以及教育效果在一定的时间或者空间范围内所体现的潜在性、稳定性、多样性等的把握。

我们在看到效果评价作为教育实践过程的一个重要环节，建立评价体系切实可行的同时，也要看到思想政治教育效果评价在实践探索中困难重重。主要表现为评价标准的不统一、评价对象的抽象、制度保障不健全等方面。

首先，评价标准的不统一，或者说标准的设立界限模糊，这是由于评价标准的原则不统一。所谓标准应该是“衡量人或者事物的依据或准则”，是对人或者事物进行价值评判的具体尺度。截至目前，关于思想政治教育效果的评价标准和评价体系建构的原则依然未实行统一。在现有的思想政治教育效果评价中，学者们从不同角度提出了许多确立评价标准的原则，如王茂盛构建了“时代性和导向性、系统性和科学性、相对独立性和相容性、公平性和有效性”的四原则，苏振芳构建了“定性与定量结合、动态与静态结合、长期与短效结合、模糊与精确结合”的四原则，不同的原则指导下，评价标准不同，人们对于思想政治教育效果的衡量指标自然也就不同。

其次，评价对象的抽象，表现为效果评价的有限性。教育的对象是人，效果评价的对象就是人的思维活动的外在表现。人的思想道德和政治素养等精神因素非常复杂，其中情感、认知、信仰、意志等无法通过定量指标来衡量，尽管思想与行为存在关联性，行为是思想的外在体现，人的情感和思想认识会通过一定的行为表达出来，但是我们依然无法肯定行为表现的准确性，无法排除行为所表现出来的仅仅是表象甚至可能只是人的刻意伪装，因为“目前我们对于人的道德的认知和评判，只是比较粗略地测量，远未达到得出确定结论的水平”①。

最后，制度保障不健全。当前我国思想政治教育的发展过程中，缺少效果评价体系构建的制度保障，相关规章制度建设不完全，制度保障不健全，评价的方案在实施过程中会显得无力，就会存在人为干涉的风险，直接导致思想政治教育效果的评价机制缺乏确定性，人们就会质疑效果评价的公正和公平，这样思想政治教育效果的评价体系就无法充分发挥其应有的功能和优势。

第四节　思想政治教育环境方面的问题

环境一般是指影响我们生存和发展的部分物质或非物质因素，思

① 高德胜：《不是什么都能考的——对“思想品德”课考试的思考》，《思想理论教育》2007 年第 2 期。

想政治教育环境的概念是从一般环境概念引申并发展而来的，我们通过生态学的角度考察分析思想政治教育的环境，拓展了它的基本涵义，拓宽了研究的范围，有助于我们准确把握思想政治教育内外环境之间的关系以及外部条件的变化。

一　思想政治教育生态系统出现断层

“生态”的概念是伴随近代生物学发展而来，生态学是自然科学和社会科学沟通的桥梁，从哲学生态观的视角考察思想政治教育，是遵从整体性、动态性、系统性以及可持续发展的方法论原则来构建生态学意义上的教育系统。现代社会的生态学要求大体包括如下内容：主客体之间相互尊重，教育方法要符合人的思想发展规律；关注思想政治教育生态环境的变化，重视经济、政治、文化等因素的影响；必须解决好经济建设与环境保护之间的矛盾、个人发展与社会需要的融合，促进个体与社会的可持续发展。

然而事实上恰恰相反，改革开放以来，经济社会的快速发展，带动社会多元化的进步，思想文化领域的矛盾和冲突伴随中西方文化的交流和信息传播的加速逐渐凸显，思想政治教育的外部环境变得日益复杂。随着网络技术尤其是移动互联网络的发展，传媒格局发生了革命性的变化，而新媒体的出现改变了信息的传播方式，信息的传播速度和规模被无限放大，人们获取信息的渠道增多，这种限制的减少和全民的参与，既给信息的传播带来了新的气象，也使信息的监管面临着巨大挑战。这些难以探寻来源的海量信息充斥人们的大脑，加上部分信息传播者受利益驱使，在信息的传播中加入低俗、恶搞、虚假的内容，已经突破了道德和法律的底线，影响着人们对于信息真实性、实用性和正确与否的判断，严重干扰着人们的日常生活和价值判断。

社会环境是思想政治教育生态系统的外部条件，也是制约个人思想品德形成发展的客观因素。社会环境的复杂多变，对人们思想和行为的作用和影响，直接关系到生态系统的动态平衡。在思想政治教育的实践活动中，社会政治、经济和文化的发展为稳定思想政治教育的社会大环境提供根本保证，家庭、学校、单位和社区的和谐为改善我们周边的生活环境提供支撑，这些环境并不是脱离教育本身而独立存在的，而是与教育者、受教育者以及教育过程本身融为一体，相互作用相互影响，共同构成了外部生态系统。

以经济建设为例，在经济社会发展过程中，由于对发展的观点认识存在偏差，一些领导干部对政绩和国内生产总值（GDP）的盲目追求和攀比，导致发展过程中一些典型生态问题、社会问题和社会矛盾集中爆发，这些问题和冲突都会对思想政治教育的效果产生一定影响。我国自1978年实施改革开放政策以来，积极引进外资、技术和服务，为社会经济发展注入新的活力，推动了我国经济持续地保持中高速增长，人民的生活水平得到了极大提高，但是，我国在经济社会发展的同时也付出了资源过度消耗、环境污染严重的沉痛代价。为了解决生态环境问题，造福子孙后代，党和政府采取了多项措施实施环境保护，出台了一系列监管政策，坚持一切发展都是为了人民，将实现好、维护好、发展好最广大人民的根本利益，作为全部工作的出发点和落脚点。但是，在实际工作中依然存在着监管不严的问题，比如各地方政府都非常重视招商引资工作，但是，在招商引资的过程中个别领导干部并没有认清“要发展什么”这一核心问题，我们的社会发展强调的是全面协调可持续的发展，目前的社会状况要求我们以经济建设为中心，无论现在还是将来，经济建设仍然是发展的中心内容，但是，经济发展不能代替社会的全面发展，不能忽视生态文明的建设，当前部分地方政府存在错误的政绩观，只注重引进项目，不考虑项目投产对于环境的影响力，致使高污染高能耗项目加速对资源的浪费和环境的破坏，使得发展中的社会矛盾愈演愈烈。

此外，还存在着解决了“旧问题”又出现了“新问题”的情况，比如城市建设中的征地问题。政府征收土地，造成了失地农民被边缘化的情况带来社会发展的不稳定因素。在计划经济时期，通过征地行为农民可以成为城市人，这种农转非的安置方式使得大多数农民乐于接受，但是，在目前市场经济条件下，这种安置方式并不能妥善解决失地农民的生存问题。目前大多数地方的旧城改造、产业区建设、城中村拆迁，征用农民土地多采取一次性发放安置费用，有些郊区的村庄由于城市扩建成为地理位置较好的“都市村庄”，拆迁户会得到一笔可观的补偿费用，出现令人羡慕的所谓“一夜暴富”的情况，但是并不是所有的拆迁农户都会成为这样的“幸运儿”，这种安置方式使得那些没有工作技能的农民陷入了既失地又失业的困境，在没有了社会保障又没有稳定收入的情况下，很容易产生社会的不稳定因素。拆迁安置工作应该建立后续的、长期的帮扶机制，这样才能真正地实现改革开放的成果惠及更广大的人民群众，把人民群众作为社会发展的最高价值主体来对待，把为最广大人民群众谋利益作为最高价值追求。

由于社会发展过程中各种冲突和矛盾带来的冲击，外部生态系统正在发生改变，不同的群体之间不同利益诉求的冲突和矛盾也在加剧。有学者提出目前中国社会存在阶层分化的现象，“所有制结构的调整和城镇化的推进，劳动力和劳动形式的多样化正在逐渐改变工人阶级和农民阶级的队伍结构，整个社会阶层的构成也发生了新的变化”①，社会阶层分化导致社会不同群体之间的利益冲突，地方性公共危机频发，这会造成社会生态系统的断层，对思想政治教育内部生态系统也会产生严重影响，使教育的功能和作用逐渐弱化。由于我们忽视了内部教育系统与外部社会生态的交互作用，社会环境的种种问题会影响人们的思维和判断，人们对思想政治教育会产生困惑甚至质疑，干扰思想政治教育的内化过程，这就突出表现为典型的思想政治教育生态性问题。

思想政治教育生态系统出现断层，是内部系统与外部社会生态的

---

① 蔡志强：《所有制结构变迁与社会阶层分化——对社会主义本质的一点思考》，《福建论坛》2004 年第 1 期。

断层，是思想政治教育内外环境之间矛盾的表现。就外部环境而言，包括整个社会的教育活动都处在一个复杂多样的社会大环境之中，社会转型带来的变化包括社会主义市场经济的转换，社会矛盾的冲突，文化的多样性，信息的膨胀和快速传播，多元价值观的渗透等。外部环境的复杂化，要求思想政治教育内部系统及时做出调整，以增强应对危机的能力，只有牢牢掌握话语权，思想政治教育才能实现稳定发展。但是，事实上思想政治教育内部系统应对外部生态变化的能力不足，把握危机情境的意识不到位，教育内容和教育方法手段的创新不够，未能实现思想政治教育目标与当前阶段人民群众需要的契合。外部社会生态的变化促使思想政治教育的现代转型，要求教育者及时应对时代的变化，社会的发展，倘若不能够积极应对，那么思想政治教育将在这场思想的争夺战中失去话语权，面临“信息淹没”的危险。思想政治教育内部系统与外部社会生态之间的矛盾冲突，降低了人们思维的自我控制和调整能力，造成人们政治思想和价值观念的混乱，进而引发思想政治教育的生态危机。

二　意识形态安全面临重大挑战

当前我国社会发展已进入新时代，面对百年未有之大变局，面对国内国外的形势变化，在实现中华民族伟大复兴的道路上，意识形态安全问题显得尤为重要，意识形态安全稳定是我们面对错综复杂的国内外环境，面对“西方敌对势力的各种渗透”“社会价值观的冲突与碰撞”“中西方文化的较量”等多种情况，保持社会稳定发展，凝聚人心的重要保障。意识形态安全是维护国家安全的重要组成部分，它不仅仅是确保政治安全和军事安全的基础，也是维护社会和谐稳定，巩固社会主义核心价值观的精神支撑。2014 年，习近平总书记在中央国家安全委员会第一次会议上首次提出“总体国家安全观”，为我们坚持意识形态领域马克思主义指导地位，从战略发展角度推动意识形态安全工作提供了思想上、理论上的指引。

习近平总书记在全国宣传思想工作会议上强调，意识形态工作是我党一项极端重要的思想工作。意识形态安全是国家政治安全的基础，是引导、规范和整合人们社会生活的重要保障。党的十八大以来，从整体来看，我国意识形态领域的凝聚力、向心力和自信力明显增强，党在思想政治领域的引领作用非常突出，社会主流价值观和文化领域稳定发展，但是，目前我国意识形态领域面临的国内外影响因素越来越复杂，外部风险和挑战在增加。当前，在中西文化冲突不断增强的背景下，伴随着西方意识形态的渗透，加上社会阶层分化以及网络信息化时代的影响，我国意识形态安全问题变得越来越突出。苏联解体后，西方发达国家的意识形态入侵采取了新的渗透方式，除了继续在经济、政治、文化等领域推行传统的渗透政策以外，使用了更加隐蔽的措施。近些年来，西方发达国家通过各种非政府组织广泛开展政治活动，例如一些非政府组织在“阿拉伯之春”运动中充当先锋，加剧了阿拉伯世界的政治与社会动荡，它们直接充当了西方意识形态渗透的帮凶。就如美国政治学家萨米尔·亨廷顿所讲的“观念上的入侵，印刷品和言论往往比军队和坦克推进得更快、更深入”。

西方国家对资产阶级意识形态进行包装后，通过文化交流的渠道，夹杂在“普世价值”“自由至上”等内含意识形态内容的文化和价值判断中，利用网络的开放性和交互性，对中国进行渗透，这也是近些年来人们经常谈论的“文化入侵”，但是，我们却难以找到一个清晰的判断标准，这是因为，通过文化手段的传播，使意识形态的渗透更加隐蔽，我们难以采取有效的应对措施。因此，意识形态领域的斗争非但没有减弱，反而变得愈演愈烈，西方所谓的资本主义的民主和自由，个人主义和拜金主义通过多种途径已经渗透到我们的生活当中，对我国的传统文化和社会主义道德产生了强烈冲击，动摇着人们的集体荣誉感和无私奉献的精神，使我们在价值观判断和人生理想的选择中迷失方向。特别需要指出的是，近些年中西方文化交流的深入，西方的价值观、意识形态和生活方式严重冲击着国人的价值取向，在这样的背景下，国人尤其是青年群体受到西方价值观念的影响，形成错误的价值判断，造成一定程度的人生理想和政治信仰的迷失。思想政治教育应该突出鲜明的意识形态特征，关注现代社会中人的思想活动的特点，积极引导正面舆论，强化主流意识，不断提升人的责任感、使命感和民族自豪感。

综合来看，西方意识形态对中国的渗透主要表现在以下几个方面：第一，“淡化意识形态”，西方国家灌输所谓的西方民主和自由，推广普世价值，宣扬“意识形态终结论”，目的在于弱化思想政治教育的效果，淡化我们的政治意识形态，淡化马克思主义在意识形态领域的指导地位。第二，抓住中国经济社会发展中的个别问题不放，对某些社会热点问题例如医患矛盾、贪污腐败等方面大做文章，添油加醋，故意扭曲，抵制我党的领导，对社会主义体制中的某些群体，如公务员群体、教师群体、医生群体等进行丑化。第三，散布所谓诸如《中国就要崩溃了》、《抗日战争的真相》等，以“揭秘”的方式为汉奸、卖国贼正名，以伪造故事来污蔑偶像、英雄，渲染“中国国民性‘低劣’源于‘体制之恶’”等论调，攻击中国的爱国主义为“狭隘民族主义”，企图达到毁历史、灭公信的目的。第四，利用微信、微博、博客等自媒体平台交互性、广泛性、隐蔽性的特点，通过转发朋友圈信息，撰写文章，提高点击率等手段，推销西方社会所谓的民主政治、自由意识等。意识形态领域的斗争不会停止，敌对势力始终没有放弃对我们的渗透，妄图破坏我国社会主义核心价值体系的建立，破坏我们的共产主义信念，动摇我们的政治信仰，消解人民群众对社会主义的信心和对中国共产党领导的信任，这些行为必须引起全党和全社会的高度重视。

综合分析西方国家对中国开展意识形态渗透采取的主要方式，我们可以发现，以国人关注的社会热点问题制造话题并占领舆论制高点，煽动民众情绪，借机植入资本主义意识形态，在近些年来出现的频率越来越高。回顾历史，从 20 世纪 80 年代末到 90 年代初的苏联解体，到近几年西亚北非动荡，都或多或少同敌对势力借社会问题攻击社会形态有关。西方敌对势力一般情况下进行意识形态渗透所惯用的手段和伎俩就是恶意攻击别国的政治制度，丑化甚至妖魔化别国政党政府，夸大社会问题的严重性，大肆宣扬社会的阴暗面，干扰公众视线，煽动民众情绪，甚至扭曲事实，黑白颠倒，把需要改进的机制问题说成根本性的制度问题，以此降低政府公信力，动摇人们的政治信仰，严重危害主流意识形态的稳定。不管其是利用“中国威胁论”、“中国崩溃论”等攻击中国的老话题，还是披着“自由”、“民主”、“时尚”等外衣的新型话语工具，其目的都是攻击和诋毁马克思主义和中国共产党的领导。

中华文明上下五千年具有悠久的历史，中国的现代发展举世瞩目，但是，至今仍有少数西方敌对势力对中国采取虎视眈眈的态度，而国内一些不法分子扰乱社会秩序，破坏和谐稳定，也为西方敌对势力对我国实施意识形态渗透提供了机会，使我们的意识形态安全面临巨大的挑战。中国作为拥有 14 亿人口的大国，如果思想不统一，思想动态出现混乱，就会危害社会的稳定和发展，会给我们的美好生活带来灾难。

第四章 思想政治教育问题的成因分析

从某种意义上说，问题意识既是推进理论探索的逻辑基础，同样也是解决现实矛盾的前提条件。问题研究是当前思想政治教育研究的主要命题，思想政治教育环境的复杂变化，带来了多元价值观和多种社会思潮的冲击，人的思想道德和政治素养的塑造和培育面临着严峻的形势和挑战，思想政治教育在实践中呈现出不同类型问题的集中反映。所以，在新的时代背景下，进一步加强思想政治教育的问题研究，强化人们的问题意识和反思意识，才能在问题的解决过程中发现新的思路，通过开展问题的反思与批评，探讨问题的成因，用理论来解决现实问题，总结对策，是新时期开展理论研究工作的现实要求。

第一节 思想政治教育主体的弱化

一般来讲，主体是一个活动或事物组成的最基本因素。毫无疑问，思想政治教育的主客体都是人，从教育过程来看，教育者主导整个教育活动的开展，处于主体地位，而受教育者是教育的对象，是接受教育的客体。人的主观意识、情感理念、接受能力和价值取向等是影响主体与客体相互作用的客观因素，在这个相互作用的过程中，思想政治教育的主体性即表现为人的自主性、自为性、能动性和创造性。思想政治教育的目的在于培养、塑造、提升并且增强人的主体性，是一项能够提升人的道德、政治、品格等素养，提升人的心理健康素质的实践活动。然而，由于教育理念的偏差，教育者自身的不足，教育者与受教育者的主客范式以及后现代主体间范式间的争论等原因，导致了思想政治教育主体的弱化。

一　主体的争论导致思想政治教育主客关系的对立

在对象性的活动中，主体的身份非常确定，就是与客体相对而存在，马克思在人和对象的实践活动中，把人看作主体，看作是具体的、现实的人的存在，对象就是客体，是自然。但是在教育实践活动中，主体和客体都是人，那么，谁才是主体？是教育者，还是受教育者，或者说两者都是主体，成为人们争论的焦点，一直到现在学术界依然存在不同的观点，关于主体的争论仍未统一，伴随着多学科的介入，学者们从不同的角度不同的视野来解析思想政治教育主体的构成，反而使这个问题变得更加复杂。近些年来，人们对于思想政治教育主体的认识在不断变化，从最初的“教育者是主体”，到“受教育者是主体”，再到后来的“双主体论”，人们对于思想政治教育的主体的认识处于一个不断发展变化的过程，但是这种分歧的长期存在不仅没有强化主体及主体性的表达，没有解决教育的主体问题，反而造成了主客关系的对立，弱化了教育者在教育过程中的地位和作用。

学术界关于主体的争论，根源在于教育者和受教育者的关系之争。无论是从教育学、思想政治教育学还是哲学的观点来分析，教育者（包括教育管理者和教育活动的发起者在内）和受教育者究竟谁在教育过程中处于主导地位，两者的地位是否平等是分歧产生的焦点，也有学者采取折中的办法，借助交往理论来调和教育者与受教育者的关系。总体来讲，目前学术界比较有代表性的观点主要集中在以下三个方面：

第一，是“单主体说”。单一主体的认识起源最早，也最具代表性，同时单一主体说又可以分为“教育者主体说”和“受教育者主体说”两种观点。笔者赞同教育者是主体的论断，教育的目的是培养受教育者达到一定的思想政治要求和道德规范，教育者在教育实践中策划、发起并实施教育活动，启发并引导受教育者，是绝对主体；受教育者是教育实践活动中的客体，是教育的对象，受教育者在接受教育的过程中所表现出来的能动性和主动性，是受教育者作为人在主动学习的过程中表现出的人的主体性，这并不妨碍他是教育客体的地位。“受教育者主体说”则是高度重视受教育者的能动作用并将其上升到主体的地位，教育仅仅是一个引导和辅助的过程，受教育者政治思想素质和道德品质的提高是自主学习的结果，教育过程中发挥主导作用的是内因而不是外力作用，因此，思想政治教育的主体是受教育者而不是教育者，这种认识的局限在于概念的混淆，忽视了主体客体化和客体主体化的过程，存在本末倒置的问题。

第二，是思想政治教育的“双主体说”。思想政治教育过程是一个双向互动的过程，因此，有学者提出了教育者与受教育者互为主体的概念，两者共同构成了主体，这种理论兼顾了教育者的主体地位，同时也突出了受教育者发挥的主体作用，强调教育者和受教育者的相互作用。但是，思想政治教育实践活动本身是一种对象性的活动，如果两者都是主体，那么教育本身就失去了存在的意义。

第三，是思想政治教育的“主体间性说”。“主体间性说”也是近些年来在学术界比较有影响力的观点，持这种观点的学者依据的是交往理论，主张思想政治教育体现“我和你”的平等关系，教育者与受教育者之间不再是传统的主客体关系，而是一种主体间性的关系。这种理论把思想政治教育过程看作是交往对话中的相互作用和影响，“主体间性是两种关系的统一，一种关系是指教育者和受教育者都是主体，构成‘主体—主体’关系；另一种关系是两者构成一个主体，把教育看作客体并与之构成‘主体—客体’的关系”①。

此外，还有学者通过对思想政治教育主体的构成进行拆分，把思想政治教育主体分为导向性主体、主动性主体和受动性主体②。对主客体关系的划分反映了人们对主体和客体的认识程度，无论是“单一主体说”、“双主体说”还是“主体间性说”，表面上看是人们关于究竟谁是主体的争论，其实背后隐藏的是人们对于元理论的理解。人们关于思想政治教育主体的争论，非但没有明晰“谁是主体”的问题，相反却伴随着理论研究的深化而更加困惑，分歧也越来越大。在思想政治教育的实践活动中，关于主体的争论引发了人们对于教育者地位的质疑，在无形中降低了教育者的主导作用，弱化了教育者的主体地位。

二　教育者自身存在不足

学校思想政治教育是思想政治教育的“主阵地”，思想政治理论课又是思想政治教育的“主渠道”，一般而言，学校思想政治教育的育人主体，也就是教育者，包括思政课教师、辅导员、班主任和学校政工干部等，教育者在思想政治教育过程中承担着育人主体的重要职责，党的十八大以来，以习近平同志为核心的党中央高度重视学校思想政治教育工作，以高校思想政治教育为例，截至 2021 年 9 月，全国高校专兼职辅导员共有 21.87 万人，比 2017 年增加了 7 万人，师生比达 1∶171，截至 2021 年 11 月，全国登记在册的高校思想政治理论课专兼职教师总数为 127244 人，从下表中我们可以看出自 2016 年以来思政课教师队伍迅速壮大，六年时间思政课教师总人数翻倍增加。

---

① 张耀灿等：《思想政治教育学前沿》，人民出版社 2006 年版，第 359 页。

② 林伯海、周至涯：《思想政治教育主体及其主体性的要素构成新探》，《思想教育研究》2011 年第 2 期。

表4－1　　**全国高校思政课专兼职教师数量**①

年度	全国高校思政课专兼职教师人数（登记在库）
2021	127244
2020	106411
2019	—
2018	77054
2017	—
2016	66378
2015	62121

此外，根据教育部公布的数据显示，截至2021年11月，高校思政课专职教师中具有研究生以上学历的占72.85%，说明我们教育者的整体素质也在提升。2021年教育部社科司对全国高校马克思主义理论学科建设发展情况的调研统计结果显示，参与调研的383个马克思主义理论学科点共有专职教师24159人，具有博士学位的比例与2020年基本持平，具有硕士学位的比例有所增长，具有学士学位的专职教师比例在下降②。

表4－2　　**2020年与2021年专职教师学位情况统计**③

学位	2020年（%）	2021年（%）
博士学位	55.61	55.1
硕士学位	37.62	38.83
学士学位	6.77	6.07

思想政治教育要真正地说服人，塑造人，就必须把一定的社会规

① 表4－1数据为历年教育部公布的全国高校思政课专兼职教师总数。

② 艾四林、吴潜涛：《高校马克思主义理论学科发展报告（2021）》，人民出版社2023年版，第106页。

③ 数据来源于《高校马克思主义理论学科发展报告（2021）》

范和要求内化为受教育者的思想，外化为行动，这就要求教育的主体——教育者拥有较高的综合素质。教育者素质的提高，既关系到整个教育队伍的建设，又关系到教育效果的提高。然而，就当前教育队伍的现状而言，尽管教育者的整体素质得到了进一步提升，学历层次明显提高，培训、研修工作已经广泛开展，但是部分教育者的理论功底还有待加强，从事思想政治教育的科研、教学、宣传等方面的工作能力不足，工作的积极性和个人意志力不够等现象依然存在。这种状况的发生与当前思想政治现代化的要求呈现极大的反差。从教育者自身来看，不足主要体现在以下几个方面：

首先，少数教育者的责任意识有待提高，事业心需要加强。一个合格的教育者需要具有较高的情商，情商能够体现一个人心理素质的高低，拥有良好的情商素质，拥有健全的人格，是教育者做好本职工作的基础和前提。教育者在知、情、意等方面高情商素质的体现，包括拥有坚强的意志、高度的责任心、良好的性格，同时也要有丰富的情感和健全的心理环境。思想政治教育实践活动需要教育者本身具备较高的综合素质，能够应对并解决受教育者思想层面和认识层面的问题，教育者在掌握一定的理论基础之后还要注重理论的创新和与时俱进，这就要求教育者要注重和受教育者的信息交流，需要及时和他们沟通，深入了解他们的需要和心理特点的变化，如果教育者缺乏高度责任心，不注意心灵的沟通，就难以发现并解决受教育者思想层面的问题，难以调动他们的积极主动性，没有思想的沟通和交流，没有全身心投入思想政治教育工作，教育者就无法解决受教育者的思想问题，无法消除他们认识上的困惑，也就没有办法将理论和规范内化为人的品行、外化于人的行动。

其次，教育者的理论功底不强，实践锻炼不足。现代社会中，人的思想更加活跃开放，对社会热点的关注和知识的渴望更加强烈。教育者如何通过思想政治教育，帮助人们消除认识上的困惑，帮助人们获得更加全面的知识，使人们能够坚定社会主义信念、坚持党的领导，这些要求都需要教育者拥有坚定的政治信仰，具有扎实的专业理论基础、加强实践锻炼，才能完成新时期党和国家交代的任务，才能满足人们的政治需求、思想需要和道德要求。目前部分教育者仍然缺乏专业的理论素养，没有经过系统的培训，思想政治教育的理论水平有待加强，而且教育实践经验不足，需要在未来的理论学习和实践锻炼中不断提升。

作者作为一名高校思想政治理论课教师，在思政课教学实践中对此深有体会。以高校思想政治理论课教师为例，作为思想政治教育主渠道的高校思政课教学，需要思政课教师拥有完备的专业理论知识、饱满的工作热情和持续开展教学科研的能力，思想政治理论课的教学面向的是大学生群体，青年人需要引导、渴望接受知识，教师要不断提升个人的知识储备，创新教育教学方式和方法，才能真正完成立德树人的根本任务，但是当前有相当多的教师理论学习有待提升。

例如，思政课教师在中华优秀传统文化融入高校思想政治理论课方面的知识储备和教学方式方法的提升有待加强。党的二十大报告指出，中华优秀传统文化同科学社会主义价值观主张具有高度契合性，“大思政课”教学改革方案也强调高校要重点围绕中华优秀传统文化设定课程模块，持续深化中华优秀传统文化主题教育，因此对中华优秀传统文化是否熟悉，是否能够引入课堂教学，就是在考验高校思政课教师的理论功底和研究能力。

当前高校思政课教师知识储备不足，教学方式有待改进，具体问题表现为以下三个方面：

一是对中华优秀传统文化融入高校思政课教学的重要性认识不足。教师没有充分认识到中华优秀传统文化对于立德树人的重要意义，没有认识到中华优秀传统文化为思政课教学提供丰富资源，有些教师仅把中华优秀传统文化当做教学的背景，简单提及，不能引导学生深入思考，无法引起学生情感的共鸣。

二是未有效挖掘中华优秀传统文化资源。高校思政课与中华优秀传统文化之间内在交融性与一致性还未充分发掘，传承与发展中华优秀传统文化，增强大学生文化自信，发挥中国精神兴国之魂、强国之魄的作用尚未完全体现。

三是中华优秀传统文化融入高校思政课教学的方式较为单一。在课堂上教师常采用讲授法或举例法讲授中华优秀传统文化知识，教师主导课堂，学生被动接受学习，对传统文化的理解较为浅显，而且理论学习多，课堂活动少，形式上比较单一。

通过作者的调研，结合高校思政课教学的实际情况，原因分析如下：

第一，教师弘扬和传承中华优秀传统文化的意识有待提升。目前部分教师在思政课教学中，侧重于讲授基础的思想政治知识，未处理好“课与育”的关系，重知识讲解，轻思想引领；未处理好“史与论”的关系，有传统文化的内容，但缺少理论的解读。高校思政课教学既要体现知识的厚度，也要增强理论的深度，而中华优秀传统文化中孕育而生的理想信念、家国情怀、坚韧品格、道德修养等精神品质在当前高校思政课程教学中还有待进一步深入融合。

第二，教师对中华优秀传统文化的知识储备有待增加。高校教师的关注点多在专业知识的教学和研究上，忽视了我们中华文化中的优良传统、民族精神、文化底蕴等资源对思政课教学的支撑作用，中华优秀传统文化的知识储备意识不强。加上高校科研任务重，压力大，尤其是思政课教师还要花费大量的时间和精力投入在课堂教学中，很少有充沛的精力投入中华优秀传统文化的学习和研究之中。

第三，教师的思政课教学方式有待创新。高校思政课教学目前仍然存在“满堂灌”现象，教师未充分考虑学情，客观上导致教学效果不明显，这种“独角戏”式的教学方式无法达到思政课立德树人的根本要求，也无法引起学生对中华优秀传统文化情感的共鸣。

高校思政课教师可以深入挖掘中华优秀传统文化中的经典作品、

人物故事、古籍名言等，积极探寻两者有效融合的实践路径，为切实提高高校思政课教学效果，让中华优秀传统文化成为铸魂育人、立德树人、思政教学的深厚力量。

最后，是教育者的人才队伍建设有待加强。制定并完善教育从业者的职业标准，是优化人才队伍的关键，目前我国的思想政治教育的职业标准体系还有待完善，在职业道德要求的设定、学历标准的制定、考核和培训体系的建立等方面需要加强。目前人才队伍的建设方面在一定程度上存在人员素质参差不齐，队伍来源复杂、培养和考核机制不完善等一些不尽如人意的现象。这些问题的存在制约着思想政治教育的发展，也给教育者的工作带来前所未有的压力。职业标准的制定和规范，对于一个行业的发展，职业人员素质的提高具有重要作用，制定从业者的职业标准，对于优化人才队伍结构，提高从业者的专业化程度，促进理论研究和实践工作等具有重要的推动意义。那么制定从业者的职业标准，应该从职业标准的概念、范围和内容入手，从学历要求、职业道德要求、准入机制、考评方法和培训体系等方面加以规范。

2021 年 3 月 6 日，习近平总书记在看望参加全国政协十三届四次会议的医药卫生界、教育界委员并参加联组会时，强调了“思政课不仅应该在课堂上讲，也应该在社会生活中来讲”，“‘大思政课’我们要善用之，一定要跟现实结合起来”的重要命题。2022 年 7 月，教育部等十部门出台《全面推进“大思政课”建设的工作方案》，“大思政课”教育改革方案对高校思政课教学方式和课堂设计提出了新的要求，教学理念、教学内容和教学评价也要做出相应的调整，以往“满堂灌”的授课模式要向引导学生积极参与、主动思考转变，课堂教学要以情感人，做到“有声有色”“入脑入心”。这对包括高校思政课教师在内的所有从事思想政治教育工作的教育者的能力、素质、视野都提出了更高要求。

第二节　思想政治教育客体的认同危机

认同危机理论，是新弗洛伊德学派的代表人物埃里克森提出的，他认为，在人的成长或者说是社会化的各个阶段，每个人都会遇到各种各样心理问题，如果能够成功地解决这些问题，那么人就能表现出积极的反应，如果问题得不到解决，就会出现危机，这种危机就是认同危机。思想政治教育的基本原则强调主客体间要相互尊重，要重视教育环境的改变，要随经济、政治、文化等环境的变化及时作自我调整，而受教育者也要充分发挥自身的能动性和创造性。然而，事实恰恰相反，目前思想政治教育存在违背人的思想发展内在规律的现象，例如受教育者对教育活动本身认可程度的下降，主客体之间的冲突与矛盾，进而引发更多的实践问题。从深层次讲，我们知道，贯穿整个教育活动过程的基本矛盾，是教育者掌握的社会所要求的目标与受教育者发展现状之间的矛盾。从受教育者的角度来看，这一基本矛盾在实践活动中突出地表现为受教育者的认同危机。

一　情感认同危机

人的情感认同指的是人们对于自己所属的社会群体、文化群体、国家、宗教信仰等群体身份的认同感受，这种认同感受是基于个人的情感、价值观、经历、生活等因素形成的。情感认同的形成有多种因素，其中包括个人的家庭和社会生活环境、社会文化传统、生活的时代背景、社会媒体的宣传教育等，这些因素可以影响一个人对某一群体的认同程度和方式。从心理学来讲，情感是人对精神需要和价值追求的感受、体验和共鸣，认同是寻求人格的健全，强调的是自我的连贯性和一致性。人的情感是构成认同的基础，情感与认同的结合表现为人的情感认同，是人对于某一事物或事件的发生，在全面理解和认识的基础上，产生肯定、赞同和积极的态度，是一个“认识—了解—

肯定—支持”的过程。情感认同是人类社会中非常重要的一种群体心理，它可以为个人提供归属感、认同感和自豪感，同时也可以促进群体的凝聚力和向心力，从而形成更加紧密的群体关系。然而，过度的情感认同也可能导致排他性、偏见和歧视等问题，因此需要在适当的范围内进行引导和调节。情感认同可以对个人和社会产生重大影响，在个人方面，情感认同可以影响一个人的自我认同和自尊心，影响一个人的行为和决策，从而对个人生活和发展产生长远的影响，在社会方面，情感认同可以促进群体的凝聚力和向心力，形成共同体意识，促进社会的和谐与稳定。然而，情感认同也可能导致社会的分裂与冲突，当不同的群体之间的情感认同存在冲突时，可能会导致偏见、歧视和暴力等问题，从而对社会造成不良影响。因此，需要在促进情感认同的同时，也要注重多元文化的交流与融合，促进不同群体之间的相互理解和尊重，从而实现社会的和谐与进步。

人的行为选择是内在价值观念的表现，而通过情感认同方式的认知，能够使人拥有强大的意志力，使人的价值追求充满自信、渴望和能量，情感在人们的生活中是如此的重要，但是目前工具理性僭越价值理性以及理论教育与社会现实的反差直接导致了思想政治教育活动中受教育者情感认同的缺失。

第一，价值理性地位的下降，导致情感认同危机的出现。受教育者所表现的情感认同危机的直接原因，在于人们对于工具理性的盲目崇拜，价值目标的实现成为人的实践活动的“附属品”。强调“知识即美德”的时代早已被工具理性所湮没，现代人所崇尚的工具理性和经济效益成为社会评判成功与否的价值标准。更为严重的是，在“工具理性蔓延”的现代社会，对经济效益的过度追求已经深入社会各行各业，“一切向钱看”的现象充斥着人们的日常生活。思想政治教育在这样的社会环境中，地位略显尴尬，对人的精神生活的关注难以获得人们的广泛认同。工具理性在思想政治教育的“独断”造成教育的功利色彩浓厚，价值理性的缺失，使教育本身富含的精神意蕴被工具理性的价值尺度遮蔽。片面的追求工具理性只会导致人性的扭曲，就如马克斯·韦伯所讲的“专家没有灵魂，纵欲者没有心肝”①。工具理性的过度强化必然引起实践的偏向，而教育实践过程中内蕴的政治理论、文化内容、道德规范等精神性因素被忽视，思想政治教育应当具备的精神引领作用被消解，造成教育者的情感慰藉不复存在，教育俨然成为纯粹而又机械的知识教条，成为知识教育的附庸，人的本性被掩盖，教育精神的“贫瘠”只剩下符号意义的存在。

第二，理论与现实生活的强烈反差导致“情感认同危机”的出现。道德讲得通，但是实际却行不通，正是知行背离产生的巨大反差。知行统一、学以致用是教育理论的基本要求，也是理论与实践结合的表征，但是现实社会生活中，一些我们宣传的、提倡的东西无法得到兑现，而我们禁止的、反对的一些不良社会现象和歪风邪气却依然存在，这种反差造成人们情感的伤害，直接削减和弱化了思想政治教育的效果，无形中增大了教育的接受难度。当前思想政治教育生态系统面对的是利益多元化的社会环境，如何正确引导人们在个人利益与集体利益、个体需要与社会需要、个人发展与社会发展等方面的认识，对教育者来说是一项艰巨的任务。就目前思想政治教育的实际状况而言，人们在是非判断、道德评价等方面基本符合社会规范的要求，但是，这种“正统的”“应然的”教育而形成的价值判断，有时候却无法回答“实际的”“实然的”社会现实。所以，人们在面对社会不合理现象的时候，内心会产生疑问——这些问题的出现是什么原因造成的？难道我们的理论和教育是错误的？我们遵循的道德标准在现代社会已经发生了改变？这些困惑的出现使人怀疑理论的正确性，使得原本脆弱的教育理念受到质疑，进而导致受教育者与教育本身产生情感的裂痕。

---

① ［德］马克斯·韦伯：《新教伦理与资本主义精神》，于晓、陈维刚等译，生活·读书·新知三联书店1987年版，第143页。

二　政治认同危机

何谓政治认同?《中国大百科全书·政治学卷》指出：政治认同是“人们在社会政治生活中产生的一种感情和意识上的归属感”①，政治认同是一种现象，是人们在社会生活中尤其是在参与政治生活中对自身的定位，表达对当前政党或者政治活动的认可和参与的态度。因此，我们可以把政治认同看作是人的政治生活的心理归属感，是人们对政治权力及其行为的肯定和心理的接纳，政治认同在社会政治生活中的重要作用表现为：政府或政治组织及其建立的政治制度构成完整的社会政治系统，人们对其产生的政治权威及政治统治采取认可、理解、赞同和支持的态度，并认可奠定政治权力基础的政治价值观(或者意识形态)。简单来讲，政治认同就是人们对政治权力及其意识形态的认可。

表5　**政治认同层次②**

级别	层次	政治认同内容
初级	本能的认同	人们对政治组织具有天然的和下意识的归属感，如血缘认同，种族认同，地域认同等
中级	情感的认同	人们对政治组织所产生的热爱、信赖、追随、亲近、归属等
高级	理智的认同	在理性指导下，人们对理想的追求，或投身某一事业中的自觉

政治认同来自人们对国家及政府的信任，这里有必要讨论一下马克思主义的国家观和政府观。人民群众是历史的创造者，这是马克思主义唯物史观的基本原理，人民群众的历史主体性地位不容忽视。马克思主义者构建的政府观是一套国家、政府与人民相互关系的理论，

① 《中国大百科全书·政治学卷》，中国大百科全书出版社1992年版，第501页。

② 表格内容来源于《中国大百科全书·政治学卷》

在马克思主义的政府观中，无产阶级政府的本质其实是为了维护包括广大人民群众的利益，维护社会的公共利益。在资本主义社会，资产阶级的政府，其行为的价值取向符合资产阶级利益的需求，而在社会主义社会，政府行为的价值取向必定是符合无产阶级以及广大人民群众的利益。在社会建设发展过程中，政府要履行应尽的职责和义务，政府要加速经济社会的发展，要促进人民生活水平的提高，终极追求是实现社会的可持续发展，实现人的全面发展的目标。政府行为是要面向公共领域服务的，其基本职能是为了维护社会的公正、公平秩序以及为社会发展提供导向和指引，政府管理要求的是决策科学化，政府在保障人民群众享有基本的自由和权利的同时，也必须承担起相应的责任，这是政府工作的最基本要求。《中华人民共和国宪法》第二条规定："中华人民共和国的一切权利属于人民。"这就明确提出了中国的政府必须代表的是人民的权力，人民的主权和政府公共权力的关系是委托代理关系，政府控制并且行使着公共权力，就要体现人民的意志，政府行使权力就要体现它的"公仆的责任"。

我国政府始终坚持"为人民服务"的宗旨，这也是我国政府的责任观。回顾人类社会发展历史，从奴隶社会开始的世袭制，到封建社会的"君权神授"思想，再到资本主义社会政府代表资产阶级的利益、维护资产阶级的统治，各个历史时期的政府观都体现了不同时代政府的责任。从奴隶社会开始的君主世袭制，统治者认为，国家都是君主一个人的，他的儿子要继承他的权力，儿子的儿子也要继承。封建社会的君权神授说，皇帝把自身权力的来源归于上天的赐予，皇帝是天子，集军、政、法等大权于一身，政府只不过是其行使权力的机构，欧洲中世纪教皇长期处于政治的统治地位，并且将教会的权力定为神圣不可侵犯的。资本主义建立以后，资产阶级政府为维护其统治地位，宣扬的天赋人权、个人的权利与财产与自由至上等思想，虽然有一定的进步意义，但是，根本上仍是维护资产阶级的利益，不能代表全部人民的利益。

从古到今，历史上有不少思想家都提出了关于政府、国家、社会等的学说，古希腊的柏拉图在他的《理想国》一书中通过专业分工把社会划分为了三个阶层：统治者、武士和劳动者，每个阶层的人都要按照自然禀赋从事一门职业劳动，为了维护国家利益，实现德行和幸福，从而达到一种美好的生活状态，通过这个构想，柏拉图建立起了他自己的理想国。柏拉图认为每个阶层的人都要从事符合自己的工作，政府处于统治者的地位就要实现正义要求的职责所在，他承认社会等级的差别，但是，他反对以某一等级的利益为基础的阶级社会。法国思想家卢梭于1762年发表了《社会契约论》，这本书体现了资产阶级主权在民的思想，是现代民主制度的基石，卢梭认为，一个理想的社会应该建立的基础是人与人而不是人与政府间的契约关系。约翰·洛克主张，政府的权力属于人民，政府是行使人民权利的主体。与洛克的观点一样，卢梭也认为，政府的公权力来自被统治者的认可，他认为，“一个完美的社会是为人民的公共意志所控制的”。

“人民群众是历史的创造者”，这是马克思主义唯物史观的基本原理，马克思批判了资产阶级思想家提出的社会契约论，认为它是缺乏历史事实以及现实依据的唯心主义的观点，马克思通过论证，在唯物史观的基础上，构建了一套关于国家、政府与人民关系的理论，创立了马克思主义的国家观。马克思认为，国家是分工和私有化的产物，并且从国家的起源、国家的本质以及国家的特征等方面去说明政府权力形成的过程，这个过程有两方面的体现：一是政府的阶级性必定是国家的阶级性在政府基本特性方面的体现，而政府所代表的阶级性决定了政府活动必须符合统治阶级的根本利益和要求，以此来对社会进行管理和统治，这是政府的本质特征；二是政府具有公共性的特征，在剥削阶级统治的社会里，政府只不过是统治阶级为了维护其自身统治的稳定而设立的机构，但是，在社会主义社会里，国家是工人阶级和人民利益的代表，在这个范围内，政府就是公共利益的代表，通过行使政府的公权力来体现人民的意志。政府行为应该反映人的主体性要求，反映人民的意志和满足人民的需要。

从人类历史发展的角度来看，人是以两种形式来存在的：一种是作为个体的人而单独存在的，另一种是作为群体而存在，或者说是以类的方式存在，人的主体性是人作为社会历史存在物所表现出来的具有人自身特有的主体性。作为个体的人而存在，人所要追求的是从物质到精神上的自由、独立；作为类这个群体而存在的时候，个人的自由要受到他人的制约，人与人的交往主要是通过沟通来交流，人与人相互依赖，相互依存，由人组成的社会群体，它所表现出来的群体的主体性就是体现在国家、政府、经济活动等实践活动中，政府的责任就体现在对于“人民”（或者说政府权力的给予者）提出的要求必须进行满足，才能体现人的主体性的要求。我国宪法规定，“国家的一切权力属于人民”，地方政府要对人民负责，政府的权力来自人民的授予，政府是公共权力的控制者和执行者，“为人民服务”的概念应该是政府的首要职责，社会主义国家的人民主体性的体现就是对人民群众历史主体地位的尊重，就是要维护最广大人民的根本利益，这也是对其社会主义实践主体和价值主体地位两方面的肯定。例如，在地方经济建设过程中，政府是建设的主体，那么政府在建设过程中应该充分保障人的主体性的责任，政府行为体现的是人民的利益，招商引资、筑桥修路、兴办学校、拆迁建设等项目上马，是为了促进区域发展，加速地方经济增长，提高百姓收入，满足人民生活需要，解决地方经济落后局面，提高人民的生活水平，但是近年来在城市发展建设过程中，很多矛盾和冲突成为社会舆论争议的焦点问题，“暴力拆迁”“贪污腐败”“上学难、看病难”等现象使政府和国家公信力受到了多方面的挑战，加上现实中种种信任危机的爆发使公信力面临严峻的形势，使人们对政府作用的发挥产生了质疑，进而可能引发政治认同危机。

此外，思想政治教育社会化和受教育者的个性化发展产生矛盾，也从客观上导致政治认同危机的产生。时代的变化带来受教育者个体特征的变化，人们的民主意识、参与意识和法制意识等观念发生了深刻转变，加上受教育者的接受程度、自我发展预期不同，他们对政治学习的内容和目标选择不同，而社会化的要求与个人选择的差距，表现为教育效果在个体认知层面的不同即个体政治认同程度的差异，这是导致受教育者出现政治认同危机的客观条件。而从思想政治教育的实际情况来分析，政治认同危机最主要的表现就是态度的冷漠，具体表现在三个方面，即政治的不信任、公民意识和国民意识的欠缺、政治参与度有待提高。第一，政治的不信任是人们对政治权力的质疑和政治意识形态的认同危机，改革开放促进了市场经济体制的建立，但是与之相适应的法制体系未能立即建立、健全并完善，这就给权力的掌控者提供了谋取私利的机会，成为贪污腐败的变质分子，失去了公众对他们的信任，导致公众对政治的冷漠。第二，虽然人们接受了良好的政治理论教育，但是由于宗教、地域、风俗习惯等的差异，人们之间的隔阂没有完全消除，人与人之间的信任度一般限于宗族和地方之间，还没有投射扩展到全国范围内，公民意识和国民意识并没有完全树立，国民的同胞感和自信心需要加强。第三，政治参与度的提高有助于增强公众对政治活动的认可和信任，但是，现实情况中，人们参与政治活动的意愿不强。2013 年中国政治参与报告显示，公民权利诉求、利益保障以及公共服务水平对公民的政治认同和政治参与具有显著影响，不同群体在政治参与方面存在差异：男性公民的政治参与水平高于女性；年龄越长政治参与水平相对越高；共产党员的政治参与水平高于共青团员和群众。因此，提高全民的政治参与度需要结合实际情况努力推进。

受教育者的政治认同危机，大多以隐秘的、复杂的形式表现出来，这是思想政治教育的异化，在现代社会条件下，这种异化将严重损害理论研究和实践的推进，因此，我们必须及时把握受教育者的思想动态，掌握主动权，逐步健全并完善思想政治教育的长效机制，切实增强人们的政治认同感和社会责任感，具体需要在以下几个方面有所体现：

第一，加强意识形态教育，帮助人们树立政治信仰，政治信仰需要建立在对政治理论、制度、法律等方面的深入了解基础上，因此，了解相关的政治知识，加强意识形态领域的学习，是树立政治信仰的关键。

第二，加强价值观教育，政治认同不仅关乎个人的利益和生活，更重要的是体现了个人的价值观。因此，个人需要深入思考自己的价值观，包括道德观、人生观、社会责任感等方面的问题，并将这些价值观与政治理念相结合。

第三，加强社会实践教育，政治认同不仅是对政治信仰的坚定，还需要在社会实践生活中不断加强和完善。个人可以通过参与政治活动、社会公益等方式，积极投身社会实践，从而逐步形成自己的政治信仰。

第四，加强榜样教育，个人可以跟随具有积极影响的榜样学习，学习其政治理念、思维方式和行为规范，从而在社会实践中不断提升政治认同。

第五，加强民主教育，政治认同需要建立在良好的民主素养基础上，个人需要增强自身的民主素养，包括参与民主决策、权利保障、公益服务等方面。

第三节　思想政治教育过程的系统性缺陷

我们先从“过程”的概念谈起。毛泽东指出：“事物（经济、政治、思想、文化、军事、党务等）总是作为过程而向前发展的。”① 事物的过程即事物矛盾运动状态的持续。人们认识事物，就是认识事物的矛盾运动过程及其各个阶段上发展变化的实际状况。而思想政治

① 《毛泽东文集》第八卷，人民出版社 1999 年版，第 348 页。

教育过程，就是“教育者按照一定社会的政治、思想、道德要求，以及个人思想品德与社会思潮的形成和发展规律，对受教育者有目的、有计划、有组织地施加教育影响，促使受教育者产生内在的思想矛盾运动，从而形成社会所期望的个人思想道德品质与社会风气的过程”①。对过程的把握重点在于分析系统内部各要素相互作用、不断运动的动态特征，思想政治教育是一项长期的复杂的系统过程，它具有整体性和系统性的特点，纵向来看，它是一个从家庭、学校到社会的系统过程，是一个阶段性和连续性相统一的过程。从它的活动场所分类和发展过程来分析，主要包括家庭、学校和社会三个方面，这三个方面存在的问题共同制约着思想政治教育过程的顺利进行。

一　家庭思想政治教育有待完善

家庭是启蒙教育的开端，也是进行思想教育和道德教育最重要的环节，良好的家庭环境，对培养孩子良好的行为习惯和道德品行起着十分重要的作用。父母的道德教育对一个人的思想道德品质和人格的塑造意义重大，所以家庭思想政治教育是否完善，直接关系到整个教育过程能否顺利进行。中国具有悠久的家庭思想政治教育传统，中国的传统教育文化中非常重视家庭的地位和作用。从古至今，中国的许多教育学者在家庭教育的实践中积累了丰硕的成果，然而当前中国家庭的教育中依然存在很多问题，例如重视孩子知识、技能的学习，忽视心理素质的培养，忽视孩子人生观、世界观和价值观的培育，这些不足已经成为制约家庭教育效果的客观因素，家庭教育的不足主要有以下三个方面原因：

第一，家庭教育功能的弱化。在生产力不高的封建社会，家庭是人们生活的核心，承担着劳动、生产、抚育、教育的主要职能，家庭教育是封建社会开展教育活动的主要形式，家庭教育不仅要进行道德

---

① 平章起、梁禹祥：《思想政治教育基本理论问题研究》，南开大学出版社 2010 年版，第 151 页。

品质的教育，也要开展生产技能和知识文化的教育。随着科学技术的进步，农业社会的生产方式发生了巨大变革，大规模的机械化生产取代了农业手工劳作，专业的教育机构承担了教育的主要功能并形成一套完整的学校教育体系。从此，家庭教育在整个教育体系中的地位和作用逐渐降低，尤其是近些年来，人们的家庭观念在生活节奏日益加快的现代化社会中开始下降，很多人不重视家庭教育，反而把教育的责任推给学校，而如今学校教育的职能又在追求高升学率的过程中异化，致使家庭教育在制度化的教育面前处于弱势地位，导致家庭教育的功能进一步弱化。

第二，家庭教育的目的需要改变。家庭教育的目的制约着家庭思想政治教育的主要内容，又决定了家庭思想政治教育的发展方向。我们以中美家庭教育的目的做对比，来分析适应现代社会的家庭教育思维模式，事实上，中美家庭教育的理念不同，存在着本质差别。中国父母除了注重孩子道德品质的培养外，特别重视社会适应性的教化，一般情况下，中国家庭会按照既定的模式来培养子女，他们“望子成龙”“望女成凤”，更重视孩子的学业，更关心孩子能否考入好的大学，当孩子毕业后找到了好的工作，生活没有挫折和困难，这就算是达到了家庭教育的目的，父母的责任就是要尽可能地提供给孩子最好的生活条件。但是美国的家庭教育理念和中国不同，他们非常重视培养孩子的独立生活能力和创造能力，着重培养孩子抵抗挫折和生存的能力，所以他们非常重视孩子的锻炼，他们认为家庭教育的目的在于学会生存。事实上，中美家庭教育的目的存在着较大差异，和中美两国人们的思维方式、传统习惯、价值理念等不同有关。中国家庭培养的孩子善于学习，而美国家庭教育对培养青少年的适应能力、抗压能力、创新能力有很大帮助，这是我们需要吸收和借鉴的地方，我们需要结合中国传统家庭观念，适应现代社会要求，探索新的家庭教育思路，才能完善家庭教育的主要内容。

第三，家庭精神文化的缺失。家庭环境的营造需要家庭成员树立起良好的精神文化氛围，才能让家庭的核心价值、道德要求在耳濡目染的过程中传递给孩子，才能配合学校教育和社会教育，形成教育的合力。中国传统伦理道德教育中，非常注重族规家训在家庭伦理道德教育中的作用，重视孩子成长阶段尤其是成人前的道德思想教育。但是，现代社会的家庭却出现了精神文化某种程度上的缺失，族规家训基本已经不复存在。当然，这是一种思想进步的表现，但是另一方面，现代家庭却走向了另外一个极端，忽视了家庭精神文化的作用。究其原因，随着社会生活节奏的加快，工作压力的加大，家庭生活变得简单而单调，而家庭精神文化生活则更加稀缺。现代社会的人，往往把教育的责任和希望寄托在学校，家庭教育只是学校教育和社会教育的辅助手段，其实这种观点是错误的，家庭精神文化对于孩子思想道德品质的形成和人格的塑造发挥着基础性作用，血缘关系带来的亲情对人的成长影响最大，尤其是人的思想道德、思维方式和心理状态等方面，它的地位和作用是学校思想政治教育和社会思想政治教育无法取代的。另外，不少家庭对孩子物质需要和身体成长的过度关怀，而对孩子性格、意志和品德培养重视不足，导致青少年的成长出现问题，“代沟现象越来越严重”，而缺少了家庭教育这一基础性环节，学校教育和社会教育也会因此受到影响，在某些方面尤其是道德标准和社会规范的教育过程中，会显得力不从心。因此，脱离了良好精神文化氛围的家庭教育，学校教育和社会教育很难渗透到青少年的内心。

二　学校思想政治教育受工具理性制约

科技的进步和知识的日新月异，改变了人的现代生活。现代人的物质生活越来越丰富，人的衣食住行离不开科学技术的力量，而科技的发达带动了教育的快速发展，教育的地位因为知识的传授和人才的培养而迅速上升。但是，人们在享受科技进步带来的美好的物质生活的同时，人的发展也受到物质世界的挤压和控制，教育的目的也被渲染上利益追逐的色彩，技术教育的地位逐渐上升，人文教育的地位出现衰落。因此，“科学挤压人文”的现象成为现代教育中科学主义对人文社会科学的一种排斥，也是目前学校教育中缺少人文关怀的根本原因。

“人文”理念最早的提出是在欧洲文艺复兴时期，人文主义成为当时的主要思想和潮流，它是反对封建主义、反对中世纪宗教蒙昧主义而形成的思想体系。人文主义反对一切以“神”为本的旧观念，反对“神权”对人性的戕害，主张恢复人权，人文主义的兴起唤醒了人们的进取精神和创造意识，突破了宗教对人的思想的束缚。人文关怀发端于人文主义传统，此后几经变迁，其核心思想却基本保持了稳定，就是承认并肯定人的价值、人的存在意义，坚持并发挥人的主体性。在马克思主义哲学的基本维度上，人文关怀同样是其重要线索之一。马克思主义所讨论的人文关怀包括对人的生存价值和意义的重视、对人性的发展及人的尊严与自由的追求等方面。思想政治教育的人文关怀，体现的是一种人本精神，强调把人当作一切价值的根本出发点，“把人作为衡量一切价值的尺度和标准”①，它是对人性、人的价值、人的尊严等方面的思考，彰显了人的主体性。也有的学者提出，人文关怀理念要贯穿于整个思想政治教育过程②，从方案目标的制定，到各种教育行动的实施都应该体现人文关怀的教育理念。

我们可以看到，人文关怀理念的缺失，已经影响到教育过程的顺利进行。马克思在分析人的异化现象时曾经指出，资本主义社会中，人受到自然和社会关系的双重奴役，人的异化是资本主义制度造成的，但是在资本主义制度条件下，科技理性的过度崇拜使物质生产过程失去了社会发展的价值尺度，人的本质的丰富性在无尽的生产过程中被消解，人成为物的存在。而现代社会的人文精神也受到科学技术

---

① 《政工导刊》编辑部：《主动性、针对性、实效性：新世纪新阶段军队思想政治教育的新视域新思路》，西安出版社 2007 年版，第 4 页。

② 宋劲松、王滨：《大学“人文关怀”理念的误区与超越》，《辽东学院学报》（社会科学版）2008 年第 1 期。

的挤压，科学文化的昌盛使人文文化的生存受到威胁，人文文化自身的特点无法得到展现。有学者指出，现代社会科学文化与人文文化的对立不是自然发生的，而是人为原因造成的分裂与冲突，两种文化的发展道路必须走向融汇与整合①。

我国学术界关于人文文化和科学文化整合的探讨，同样引起了人文教育与科学教育整合的话题。其实教育理论界早在20世纪90年代就已经开始关注人文知识和人文教育被边缘化的现象。从问题产生的原因来看，人文教育的遮蔽是人文关怀和人文精神失落的表现，是由于人们对科技至上和工具理性的盲目崇拜造成的。学校教育重视科学知识的传授，轻视人文教育的作用，导致学校人文教育的缺失，是工具理性占据主导地位和价值理性被忽视造成的，引发了教育的非人性化，从而引起人文关怀和人文精神的失落。同样，学校人文教育的缺失也带来了严重的问题，具体表现为两个方面：

第一，对思想政治教育效果的质疑。马克斯·韦伯在批评人对工具理性的过度追求时指出，工具理性已经取代价值理性成为西方社会生活的行动指南。而工具理性与价值理性的冲突和分裂，并且工具理性占主导地位，导致人们以“实用性”的标准来衡量思想政治教育效果，是“思想政治教育无用论”等错误命题存在的原因。以功利主义的态度对待思想政治教育，其结果只会走向两个极端，不是对思想政治教育抱以过高的期望值，就是对思想政治教育不屑一顾。当思想政治教育无法解决现实社会中的问题，或者说短时间内人们没有看到成效，人们的期望和实际情况产生明显的落差，结果自然把思想政治教育处在一个尴尬的地位。此外，工具理性支配下的思想政治教育，带有标准化、规范化和功利化的实用主义特点，使思想政治教育成为知识灌输的工具，无形中又加剧了主客体间的矛盾。

第二，对思想政治教育功能的影响。有学者提出教育面临的困境

① 李醒民：《科学文化与人文文化：融汇与整合》，《山东科技大学学报》（社会科学版）2012年第3期。

是工具理性僭越价值理性的结果。思想政治教育功能包括三个基本方面，即导向功能、育人功能和激励功能，工具理性制约着功能的发挥，体现在工具理性对教育的知性化渗透，使得思想方面的教育价值等同于其他自然科学的教育价值，把思想政治教育简化为知识的传输过程，使得思想道德要求、政治理论和社会规范的教育变为机械化的教条，遮蔽了思想政治教育应该具有的功能。

三　社会思想政治教育的隐性手段有待加强

显性教育或者说是正面教育，是我们开展社会思想政治教育行之有效的方法，而隐性教育同样发挥着举足轻重的作用，隐性思想政治教育与显性思想政治教育相对，是通过比较隐蔽的，或者人们喜闻乐见的形式，使受教育者在无意识的状态下接受教育内容，获得某种思想或经验的教育方式。这种分类是从思想政治教育功能的呈现形式划分的，显性思想政治教育依照思想政治教育目的，在实际运行过程中以显而易见、通俗易懂的形式把教育内容呈现给公众，例如“大力宣传社会主义的优越性，宣传马克思列宁主义、毛泽东思想的正确性，宣传党的领导、党和人民群众团结一致的威力，宣传社会主义中国的巨大成就和无限前途”① 就是通过正面宣传的方式达到教育的目的。而“隐性思想政治教育”来源于“隐性教育”的概念，简单来讲就是通过间接的活动，采用潜移默化的影响方式，使受教育者能够在社会生活中主动或者被动地接受思想政治教育的过程。隐性思想政治教育对受教育者的影响体现在思想、道德、情感和观念等方面，是一种长期的、日常生活可见的社会思想政治教育形式。我国学术界对于“隐性思想政治教育”的研究始于20世纪80年代，目前我国已有不少学者投入隐性思想政治教育（或者说思想政治教育的隐性手段）的研究，发表了相关著作，例如白显良的《隐性思想政治教育基本理论

① 引自邓小平在1980年1月16日中共中央召集的干部会议上的讲话《目前的形势和任务》。

研究》，王艳秋的《高校隐性思想政治教育课程研究》等。关于隐性思想政治教育的研究，学术界的研究方向和侧重点有所不同，例如有的学者就提出了要从多个维度去促进隐性思想政治教育的发展，从“教师示范、教育环境、教学场域、学生参与”四个维度联合发挥作用，有学者提出借鉴西方隐性思想政治教育的先进经验，从“文化建设、环境优化、公正团体试验和德育课程建设”等多个方面入手，不管研究的成果如何，它们的共同点都在于肯定隐性思想政治教育自身具有隐蔽性与渗透性的特点，更易削弱受教育者尤其是青少年群体的逆反心理。

自中国共产党成立以来，思想政治教育经历了从传统向现代的转变、从运动式向规范化的改变、从经验到科学、学科的演变。思想政治教育在坚持意识形态领域斗争的同时，也要坚持解放思想，坚持理论的创新，坚持促进人的全面发展，坚持理论联系实践，走特色化发展之路。当前，思想政治教育重视社会隐性教育手段的选择，这一发展特征也是根据当前社会发展的形势和人的思想形成变化规律制定的，隐性教育手段的运用是教育方法与时俱进的结果，是教育从传统走向现代的标志之一，我国思想政治教育在诞生之初，伴随着中国革命的历史进程，从革命斗争的思想武器转变为走向促进人的全面发展的道路。如今这项教育已经融入我们的日常社会生活中，未来的发展趋势也是更加贴近我们的生活。所以，社会隐性思想政治教育应该成为思想政治教育实践的一个重要方面，但是目前我国思想政治教育实施的过程中，社会隐性思想政治教育手段应用不足，对隐性思想政治教育的重视程度不够，加上国内外文化的交融，人们获取信息的渠道日益增多，在现代社会条件下，显性思想政治教育的局限性日益凸显。因为人的思想观念的形成是多重因素相互作用的结果。这种因素形式多样、分布广泛，不仅来自家庭和学校，更多的是来自社会，来自生活中电影、电视、广播、网络等多媒体渠道，这种因素对人的影响多为一种隐性影响，是潜在的、不可控的，无明显的目的性，但是对人的作用却不可低估。当前社会隐性思想政治教育的重视程度不够，隐性思想政治教育手段应用不足，人们受到来自社会上的大众传媒以及网络载体上包含的一些消极因素的影响，极大地削弱了教育的效果。

相反，国外借助隐性教育的手段开展教育活动的经验较为丰富，值得我们学习和借鉴。例如，西方发达国家借助文化产业的发展来进行社会思想政治教育的渗透工作。随着现代高科技手段的进步，网络、电影、电视甚至游戏、动漫产业都已经成为西方国家开展隐性思想政治教育的载体。最具有代表性的就是美国好莱坞影业，美国通过好莱坞电影宣传美式的民主和个人英雄主义，范围覆盖全球，收到了良好的效果。美国的文化产业获得了政府的支持和财政税收等方面的优惠政策，在取得巨额利润的同时把以“个人主义”为核心的价值观和西方标榜的民主、自由等观念输送到世界各地。此外，美国政府开展隐性思想政治教育的一个重要渠道即通过政党政治活动扩大对公民的政治影响。每次总统大选都是广泛地进行政治宣传活动，通过网络、电视、报纸、电台等一切传媒工具，通过演说、辩论等方式鼓动全国选民，共和党和民主党想尽一切办法来获得民众对自己的支持度。

第四节　思想政治教育环境的复杂化

如何加强和改善内外环境，不断提高教育的影响力存在着一个生态复杂化的问题。截至目前已经有不少学者围绕“思想政治教育环境”展开研究，例如，邱柏生针对高校思想政治教育进行了生态学分析，他提出“将高校思想政治教育生态环境划分为社会大生态环境、教育系统所构成的生态系统、高校思想政治教育本身所构成的‘微生态环境’三大领域。”扩展到整个社会的思想政治教育领域，我们可以得出研究思想政治教育环境的目的，即通过系统分析思想政治教育环境，厘清影响思想政治教育效果的各种变量的作用及其相互关系，提高思想政治教育的有效性，增强其吸引力、感染力与说服力。

一　社会思潮对思想政治教育的冲击

所谓社会思潮，是指在一定的社会背景条件下，在一定的历史时期内，具有一定的理论形态，能够反映社会某一阶级或者阶层需要的，带有一定影响力的思想趋势。社会思潮本质上是一种重要的社会意识现象，它源于人们社会生活和社会关系的变化，能够对社会发展或人们的思想产生重要影响，反映一定阶段内社会的走向。正确社会思潮和错误社会思潮之间的交锋，活跃在人们的精神生活中，对社会的发展和人们的行为产生不同影响。先进的、积极的、正确的社会思潮，如爱国主义思潮，有利于丰富和发展社会主义文化，推动了社会的发展，顺应历史前进的方向；错误的、落后的、消极的、保守的社会思潮，如历史虚无主义思潮，与历史前进方向相悖，反而阻碍了社会的进步，冲击着中国社会生活的方方面面，带来严重影响。多种社会思潮的盛行，反映出思想界斗争的激化，思想政治教育如何应对，未来向何方向发展值得我们深刻反省。现阶段给我国思想政治教育带来冲击的社会思潮主要有：

（1）后现代主义思潮。后现代主义思潮产生于20世纪六七十年代，是西方以反传统哲学为特征的一种泛文化思潮，后现代主义的目的在于对现代文明及其传统进行批判与反思，它的核心主张就是反理性主义。后现代主义之所以能够在当今社会盛行，追究其产生的原因，有深刻的现实因素，例如思想的迷茫、对享乐的追求、环境的压力、家庭的变故、黑色喜剧的影响、对教育的厌恶等。后现代主义思潮传入中国，带来了许多消极因素，引发了否定主义和虚无主义的盛行，就这些消极因素而言，它带来的危害是严重的，在经济发达的地区传播速度较快，影响人们尤其是广大青少年的健康成长。（2）历史虚无主义思潮。历史虚无主义思潮是一种否定中国近代革命史，否定中国共产党领导，否定社会主义的政治思潮。历史虚无主义借“反思历史”之名，赤裸裸地攻击中国革命的历史，否定人民群众的历史地位，淡化人们的国家意识和民族自豪感，企图从根本上否定中国特色社会主义制度。（3）消费主义思潮。消费主义的盛行，是人们过度消费、盲目消费的结果，消费本身成为目的，而不是一种手段，成为一种符号化的语言，人们为了消费而去消费。消费主义思潮的背后，体现的是个人利己主义的抬头，是人们追求物质享受和个人利益的表现，中国社会的发展极大改善了人民物质生活水平，而一少部分人却沉浸在纸醉金迷、灯红酒绿的生活中，物质至上、金钱至上的追求是对生活的一种浪费，导致社会财富的流失和生态问题的出现，误导和扭曲人们的价值观，引发一系列的社会问题。（4）此外还有新自由主义思潮、民主社会主义思潮等对我们的社会也产生了较大影响。

综合来看，社会思潮对我国思想政治教育的负面影响主要表现在以下几个方面：

第一，引发人们思想的混乱，导致道德与利益追求的冲突。中国传统思想道德教育历来重视道德修养，强调“君子喻于义，小人喻于利”（论语），儒家文化注重以义优先的价值取向，把人的道德放到了至高无上的位置，而后现代主义思潮和消费主义思潮，它们强调人的活动以利益为中心，注重追求物质利益目标的实现，肯定个人利益的满足，将人的社会存在看作是实现个人价值目标的外在手段，在利益至上原则的影响下，人与人的关系是以利益作为基础，直接影响了人们对于道德和利益谁更重要的价值判断，在市场经济不断深入和西方“文化入侵”双重影响下，中国思想政治教育遭遇了道德危机，金钱至上的思想开始抬头，人们为了一点私利不顾他人的死活，当道德与利益追求发生冲突的时候，如何选择已经成为现在社会人们争论的一个焦点。

第二，引发个人主义和集体主义的对抗。中国历来主张“天人合一”的价值观，强调人与自然、人与社会的和谐统一，而自由主义、后现代主义思潮强调个性的发展和自我的表现，它们认为社会所追求的公平和正义不是去追求或者促进任何特定的目的和价值，不是要求公众按照某一特定的价值去生活，而是要保持价值上的中立，仅仅要求每一个公民在不与其他人的生活相冲突的情况下去追求个人的价值的平等，在强调个人的价值的同时，也极力推崇个人英雄主义，我们在近年来好莱坞出产的美国大片中可以明显感受到个人英雄主义的宣扬。而在中国当代社会，我们提倡和支持的是马克思主义的集体主义价值观，强调个人利益与社会利益的统一，个人的发展是建立在集体社会的发展基础之上，个人利益要与集体的利益相一致，这是我们社会主义制度的基本要求，也是实现人的全面自由发展的一个前提，我们强调社会公共利益的追求，个人可以而且应该为社会做出贡献，马克思主义的目标是建立一个“每个人的自由发展是一切人的自由发展的条件”① 的社会。

第三，增加社会不稳定因素，影响社会的和谐稳定。不良社会思潮的盛行，使得有些人借机抓住中国的社会矛盾大做文章，挑拨民众与政府的关系，对中国共产党及其领导进行丑化与污蔑，煽动并误导民众，造成一些群体性事件的发生，伤害了普通民众的感情，不利于和谐社会的建设和发展。

二　思想文化领域的矛盾日益尖锐

改革开放四十多年来，对思想政治教育理念的探索、研究、建构从来就没有停止过，无论在理念层面还是在实践层面，都有很大进步。但是，在思想政治教育实践活动中，“人”依然有意无意地被忽视。因此，思想政治教育的理念创新迫在眉睫，而现阶段思想文化领域日益尖锐的矛盾正是阻碍理念创新的最大绊脚石，当前中国思想文化领域的突出矛盾表现在多个方面。

---

① 《马克思恩格斯文集》第 2 卷，人民出版社 2009 年版，第 53 页。

一是传统与现代之间的矛盾，作为一个拥有悠久历史文化的国家，传统文化一直是中国文化的重要组成部分。然而，随着现代社会的发展，传统文化与现代文化之间出现了许多矛盾。比如在价值观念、生活方式、审美趣味等方面，传统文化与现代文化有很大的差异，这使得传统文化在现代社会中的地位和作用受到了挑战。

二是文化多元性与文化认同之间的矛盾。从古到今，文化交融一直在进行，文化多元性一直是中国文化的重要特点。然而，在当代中国，文化认同的问题也逐渐浮现。一方面，不同地区、不同民族的文化存在差异，西方外来文化的涌入也带来了冲击。另一方面，文化认同的问题对社会发展也产生了影响，具体表现在教育、媒体、文化产业等多个方面，文化认同已经成为当前人们关注的一个热点问题。

三是个人权利与社会责任之间的矛盾。一方面，随着现代化进程的加速和社会的多元化，个人权利得到了进一步的扩展和保障，但是个体主义和个人至上的思想也逐渐开始流行，炫富、攀比现象，用金钱作为衡量成功标准的言论在网络上也时有出现。另一方面，社会责任也是当今社会的一个重要议题，特别是在处理一些社会问题和公共事务上，如何实现个人权利和社会责任之间的平衡，越来越受到人们的关注。

总之，当前社会发展中出现的思想文化领域的突出矛盾涉及多个方面，这些矛盾在一定程度上反映了社会发展的复杂性和不确定性，要解决这些矛盾，需要社会各界共同努力，找到问题原因，找到适宜的解决办法，妥善处理。而这些矛盾出现的具体原因包括以下三个方面：

第一，社会转型期思维的混乱。社会转型是从原来的发展轨道步入一个全新的发展轨道，这个过程经历了社会经济结构的转变、社会文化形态的变革以及人们价值观念的变化等多个方面，对人们的思想观念、生活方式和生产方式的影响巨大。改革开放以后，中国社会的转型涵盖了政治、经济、文化等多重领域，使得当今社会发生了翻天覆地的变化，那么随之带来的就是社会转型期文化环境的变迁、人们观念和思维的不断更新、价值矛盾与冲突的不断升级，而多元文化并存，多种非主流价值观的出现，也让人始料不及，一方面经济的快速发展，增强了人们改造自然、改造社会的能力，而另一方面思维的混乱和扭曲，使得人们沉迷于对金钱的渴望、对势力的崇拜和对传统文化的不屑一顾，精神生活的匮乏导致少部分人信仰的缺失，道德的滑坡，使得思想政治教育面临着“力不从心”、“分身乏术”的难题和困惑。

第二，传统封建思想陋习依然存在。历史的长河能够沉淀一个国家和民族的道德规范、风俗习惯和价值观念，无论社会如何变迁，文化的传统依然影响着人们的思维方式和行为习惯，人们的思维展开和行动表现总会折射出传统思维的影子。我国几千年的文化传统对于我们现代人的思想和行动仍然发挥着作用，我国传统的教育文化对现代教育尤其是思想政治教育依然存在一定的影响力，优秀的文化传统需要我们继承并发扬，而那些封建的、落后的文化思想需要我们果断抛弃，但是，事实上某些传统的陋习和思维方式却流传下来，类似“各人自扫门前雪，休管他人瓦上霜”这样的利己主义的思维传统依然存在，虽然我们一直重视中国特色社会主义主旋律的宣传，但是在实际操作层面，漠视“人”的思维定势依然存在于不少人的头脑里，这使人们在思考问题的时候，思维呈现出来的一种相对固定的状态，对教育者而言，思想政治教育只是一项工作，而非一项事业，教育活动只是简单的工作流程，教育者忘记了自己的神圣使命，忽视了人的情感因素、知识水平和接受能力，忽视了对人的心灵的关怀和理想人格的塑造，忽视了思想政治教育的价值导向功能，这是思想政治教育过程中人文关怀理念缺失的一个重要表现。

第三，中西文化冲突引发人们价值认同的危机。一个社会中多元文化并存，能够给思想带来解放，但是，同时也存在社会信任危机，这种危机的根源就是价值认同危机。例如中国的传统历来倡导大公无私，道德至上的精神，集体的利益最大，但是西方文化强调个人的利益要受到尊重，追求个人的幸福，这就对我们的价值评判提出了挑战。中西方文化的冲突给人们的价值观念带来了影响和冲击，在改革开放的过程中，西方发达国家利用经济和科技的优势，从各个方面包括饮食、影视、音乐等向我们灌输西方世界的文化价值观，例如“快餐文化”的直接影响，美国大片灌输的个人英雄主义等，这就直接导致部分人在价值观念上迷信西方的价值理念，否定我们自己的主流价值观，甚至有的年轻人盲目崇拜西方文化，在文化选择上表现为困惑迷茫，丧失了基本的价值判断力，在以美国消费主义至上的大众文化的侵蚀下，思想信念出现动摇，精神家园迷失，内心冲突加剧，这些都是社会不稳定因素的来源。

三　网络信息化发展带来的负面影响

思想政治教育过程受多种力量交叉角力、多种因素共同影响、相互作用。然而近年来，网络信息化的发展给思想政治教育带来的负面影响日趋明显而强烈，大有扩展之趋势，网络时代尤其是移动互联网时代的到来，将以网络为基础的自媒体推上思想政治教育的大舞台，这是个“人人都有麦克风”的时代，以抖音、微博、微信、博客、论坛为代表的自媒体平台已经融入人们的日常生活，人们的日常生活已经离不开移动网络，刷短视频、移动支付、共享经济、网购已经成为人们的一种生活习惯，微信、微博、个人主页成为人们展示自我和获取信息的重要平台。

相对传统媒体以官方发布新闻为主而言，自媒体不是一种以传播者为中心的单向传播方式，而是使公众同时成为新闻传播者和受众的媒体生态。自媒体的本质在于“信息共享的即时交互平台”（代玉梅，2011），它是“一种普通大众提供与分享他们真实看法和新闻的途径”（谢因波曼，2003；克里斯威利斯，2003）。我们可以将思想政治教育的宣传内容，通过微博、微信的公众账号发布，使人们通过自媒体工具阅读并分享相关理论和知识，也可以根据不同群体受众的需要和特征有针对性地推送消息和文章，实现移动互联网时代信息传播的个性化。

当然，我们也应该看到，自媒体的快速发展不仅给思想政治教育带来了机遇，同样也带来了严峻的挑战。以微博、微信、博客、论坛为代表的自媒体平台使大众传播得以实现，使公众有了自由发表意见的工具和途径，消除了传统媒体代行舆论监督权力的限制。但是，自媒体的信息发布管理现在依然存在监管的漏洞，我们经常会在网络上看到某些个人账号在自媒体平台上对未经证实或涉及个人隐私的事件散布伤害性、侮辱性和煽动性的失实言论，恶意公开当事人的个人隐私，误导舆论走向等，某些组织和境外敌对势力，通过雇佣“网络水军”操控舆论，将国人关注的焦点话题，如食品安全、贪污腐败、社会保障等问题添油加醋，故意扭曲，企图扰乱国内社会秩序，激化社会矛盾。不良网络信息对人的思想、道德、品格的培养危害极大，通过反向思维的角度，从网络消极文化的危害、不良社会风气在网络的盛行、低级庸俗新闻的出现等方面就网络信息化对思想政治教育过程的负作用进行归纳整理，主要有以下几类负面因素：

第一，自媒体时代网络消极文化的影响。由于互联网特别是移动互联网络的发展，这种高效、快捷的信息传输方式在积极促进世界经济和社会发展的同时，也带来了信息膨胀、监管难度大等问题。碎片化阅读、选择性关注和从众心理是自媒体时代公众的普遍心态。

以微博为例，由于受到140字的长度限制，它所传达的信息含量相当有限，更多的是在传递一种情绪和思想动态。根据现代人的阅读习惯，很难保证微博的点击率和阅读量，只有极少量的信息，尤其是被网络“大V”或公众账号转发的信息，才会被人们重视，形成舆论热点。此外，信息的传递会随着时间的推移呈递减趋势，公众对事件的关注度也会随着新的热点问题的出现而转移，当舆论还未产生较大影响力之前就已经被公众遗忘。而网络负面信息的出现，对我国思想政治教育特别是公民意识形态教育和道德建设方面带来严重危害。

自媒体时代，网络消极文化呈现危害成本低廉、危害对象广泛、危害结果严重等特征，例如网络语言暴力、网络“黄、赌、毒、骗”现象的出现、反社会的言论等，尤其是网络诈骗的高发，严重透支了现实社会中人与人的信任，不利于社会公序良俗的养成。此外，自媒体时代信息量大、难辨真伪，谣言得以生存，谣言的传播一直是激发社会矛盾的突出问题，自媒体较低的门槛、较强的隐蔽性和无限扩散性使其极易成为谣言的传声筒。在重大突发事件中，由于自媒体不受新闻传播机制的约束，又缺乏核实信息真实性的能力，自媒体可能会助长谣言的传播，而谣言等虚假信息的存在，使信息的真伪受到公众的质疑。

第二，不良社会风气在网络的盛行。社会风气的好坏，对人们的思想、行为必然造成影响。当前，我国网络空间的社会风气存在不好的方面，尤其是一些丑恶现象，一些不良思想在网络的虚拟世界里肆无忌惮地传播，对思想政治教育的效果产生了严重危害，当一些“老人跌倒无人敢扶”、“东莞挺住”等挑战道德底线、违背社会公序良俗的流言在网络上传开，当社会负能量严重腐蚀着人们心灵的时候，会导致社会整体的价值错乱、逻辑谬误。由于自媒体平台信息发布的随意性突破了互联网监管的限制，网络传播的情绪化因素超越了理性的分析，加上公众的素质和知识水平参差不齐，而且大多数人不具备专业新闻素养，也不用为“公民新闻”的发布承担过多责任。

因此，公众在网络信息的传播中过于片面和情绪化，容易受到误导，丧失基本的判断能力，产生“群体极化”现象，意见表达过激或失控，利用自媒体平台进行谩骂甚至人身攻击等非理性行为，表明当前网络信息的传播带有一定的情绪化色彩，公众参与者缺乏责任意识和理性的价值规范。尤其是一些涉及公共安全的热点问题讨论中，舆情的“群体极化”现象会对舆论造成扭曲甚至绑架。例如国内前些年多个地方出现的 PX 项目事件，舆论被民愤完全占领，公众利用自媒体通过动员和组织，形成一种“宁要环保不要发展”的强势舆论，一些理性的声音被舆论所淹没，形成了传播学中“反向的沉默螺旋效应”。类似当前网络中哗众取宠之风、情绪肆意宣泄、低俗内容等不良风气的盛行，严重阻碍我们创造文明和谐、健康发展的互联网络，人们之所以敢在网络世界里发表不负责任的言论，一方面是由于网络的虚拟性和扩散性的原因，最主要的原因就在于我们缺乏必要的舆论监管措施。

不良社会风气在网络的盛行对于思想政治教育的危害是严重的，学校、家庭灌输给我们的是正面的教育信息，是积极进取、乐观向上、健康文明的思想，而社会负面信息尤其是形成规模的不良社会风气在网络的盛行，使社会现实与教育内容出现强烈的反差，人们会对教育产生质疑，严重降低信任度，不利于教育目标的实现。可见，社会风气的根本好转，为思想政治提供良好的网络传播环境，是十分重要的。

第三，网络信息传播受到低级、庸俗新闻的影响。新闻本来是第一时间将事实的真相公之于众的主渠道，是我们获取外界信息的主要手段，网络的发展大大提高了新闻的实效性，使人们能够在第一时间借助移动互联网的渠道获取新闻时政资讯。新闻本该为公众意见和观点的充分表达提供更大的可能与空间，但是近年来有些个人或者媒体为了博取公众眼球，制造一些低级、庸俗的新闻报道，危害着传媒行业的发展，对公众产生了严重误导，影响人们对社会的正确认识和整体看法。有人在电视策划中写到，“国外有一种观念，要提高报纸发行量很简单，那就是降低格调，同样道理，我们要提高收视率，也不能故作高雅，我们不能怕俗，更不能怕被人批为低俗”①，这种做法明显是社会责任感的淡化、是新闻职业道德的滑坡。

有些网络媒体为追求效益，增加点击率，不惜以夸张的报道来吸

---

① 段羡菊、叶伟民、张婧：《把脉电视娱乐节目低俗化现象：荧屏七种低俗病》，《半月谈》2005 年第 17 期。

引受众眼球，于是网络上的新闻报道开始追求娱乐化、煽情化，内容追求标新立异，追求刺激性、庸俗性，新闻标题一定要足够吸引眼球，不断挑拨和误导公众的情绪，直接导致网络新闻传媒行业乱象丛生。网络媒体报道大量低级、庸俗的新闻，丧失了新闻工作者的基本操守和社会责任感，必定给公众和社会带来不可估量的危害。丧失公信力就是网络信息时代新闻庸俗化带来的最直接的伤害，虚假新闻、煽动公众情绪的报道在事件的真相公布后会使公众有被欺骗和愚弄的感觉，造成恶劣的社会影响，网络媒体的公信力自然遭到人们的质疑。此外，一些网络新闻媒体或拥有大量粉丝的公众账号，甘当某些别有用心之人的幕后推手，抛弃了作为新闻工作者的职业操守，扩大或突出庸俗新闻报道，推出一些无新闻要素、无充分理由的“花边新闻”来提高点击率，导致人们对新闻媒体的公信力乃至整个网络的公信力评价失之偏颇，不利于网络思想政治教育的开展。

第五章　思想政治教育的人学诉求

从人学的视角分析，依据人学理论分析、解答教育过程出现的现实问题，为探讨教育实践的新路径提供了新的解题思路和研究方向，有利于思想政治教育坚持“以人为本”的基本理念，促使其贴近人的现实生活，提高自身的吸引力、感染力和说服力。剖析、总结并归纳人学的基本要求，是立足于马克思主义哲学的基本立场、基本观点和基本方法，探索两者之间的内在逻辑，全方位、多角度的解读思想政治教育的人性化要求，补充并完善人学理论指导下问题的解决方案，有助于现实问题的人学解答。本章从基础理论维度分析，从人性基础、价值取向、范畴体系、方法论原则等方面入手，即人的主体性，人的需要，人的个性特征，人的发展等多个方面进行阐述。

第一节　培养人的主体性

马克思主义认为，从历史的角度来看，人是以两种形式来存在的，一是作为个体的人而单独存在的，另一种是作为群体而存在，或者说是以类的方式存在，人的主体性就是人作为社会历史存在物所表现出来的具有人自身特有的主体性。作为个体的人而存在，人所要追求的是精神到物质上的自由、独立；作为类这个群体而存在的时候，个人的自由要受到他人的制约，人与人的交往主要是要通过沟通来交流，人与人相互依赖，相互依存，由人组成的社会群体，它所表现出来的群体的主体性就是体现在经济往来、社会生活等实践活动中，人的主体性的要求在各类交往活动中得到满足。

马克思关于人的主体性思想有过很多论述，概括起来主要集中在三个方面，即人作为实践活动的主体，在与客体的互动过程中表现出来的自主性、自为性和能动性。人的主体性是外在行为表达和内在本质的统一，教育者在教育过程中能够充分发挥激励、引导和促进作用，受教育者在自我教育中也能够自主选择并内化吸收。人的主体性的发挥能够体现人的综合素质和发展状况，教育要培养人的主体性必须从明确目标、更新观念和改变方式入手，在实践中提高人的主体意识、增强人的主体能力，培养人的主体人格。

一 人的主体性发展与思想政治教育

主体性概念是一个哲学范畴，从价值哲学的角度去分析人的主体性，可以把它看作一个价值范畴。一般来讲，人们认为实践是主体和客体统一的活动，人们也是从主体对客体的对象性活动中来理解主体性的，而马克思突破了认识论的局限，他把实践看作现实的感性的活动，直面人的实际生活，马克思认为实践活动是认知理性和价值理性的统一，不但是自觉的活动还是自由的活动，人的需求要得到满足，人要改变世界以满足自己的需要，所以实践作为人的生存方式，使得对象性活动成为对人的主体力量的确证。马克思曾经提出“人始终是主体”，但是当我们在探讨主体的时候，不能把主体和人画等号，我们说人能够思维能够劳动时，这是一个事实性的判断，当我们说人是主体时，则是一个价值性的判断，人是主体的承载者，主体只能在关系中存在，离开了客体，离开了人就无所谓主体。而主体性则表达了人对世界的能动关系，因此我们可以说人的自主性、能动性、创造性是人的主体性，而人的自然性、社会性和精神性这些只是人的属性，并不是人的主体性。

马克思对人的主体性的分析是通过社会人的身份展开论证的，在传统的君权神授和宗教至上的观念里，政府的权力是上天赐予和神明赋予的，政府是神的代表，是来管理人的，普通人的主体性在这里是不存在的。例如柏拉图通过他的社会分工思想畅想的国家是由三类人来组成的，这一学说是将人依附于宗法性的等级制度上，这里的人的主体性是不健全的。卢梭的社会契约论的思想来源是早期资产阶级启蒙思想家倡导的“天赋人权”说，强调自然权利是天赋的、是不可转让和剥夺的，自然权利在资产阶级语境中是指人的生存平等权、生命权、自由权和财产所有权，强调保障人的最基本的权利，但是在资本主义社会，在经济活动中，主体所追求的唯一目标仍是自身利益的最大化，如消费者追求的满足程度的最大化，生产者追求的是利润的最大化，这也是西方经济学家指出的“理性人”的假设，在这里，“人”就在“理性人”的假设中成为了一种抽象的存在，人和人的主体性也就根本无法表达。

资产阶级的人的主体性观点是建立在启蒙理性主义和抽象人道主义起点上的，马克思对此做了批判，马克思认为，人的理性不是至高无上的、更不是绝对的和超经验的，人性也不是抽象的、永恒的、绝对的和普遍的。马克思认为人的本质在其现实性的基础上是一切社会关系的总和，他主张人的本质是现实存在的，是具体的，“我们讨论的出发点是从事实际活动的人……但并不是处在某种虚幻的离群索居或者固定不变状态中的人，而是处在现实中的、可以通过经验观察得到的、在一定条件下进行的发展过程中的人”①，它表明了人的本质不是先天的，而是在后天的社会生活和社会实践特别是在生产实践中形成的，最后得出了一个结论“人的本质并不是单个人所固有的抽象物。在其现实性上，它表现的是一切社会关系的总和”②。马克思通过分析和论证，反驳了以往的人们关于人的本质是先天性的，是永恒不变的观点，提出了人的主体性要在实践中充分发挥和表现的观点，揭

① 《马克思恩格斯文集》第1卷，人民出版社2009年版，第501页。

② 《马克思恩格斯文集》第1卷，人民出版社2009年版，第525页。

示了人的本质特征。

马克思曾经在《1844 年经济学哲学手稿》中指出，人的类本质是“自由自觉的活动”，在马克思看来，人能够从事自由自觉的活动是人在对象性活动中作为主体能够体现出人的自主性，能够实现对活动构成要素的占有和支配，人的自主性是人的主体性表现的一个重要方面，同时也是自为性和能动性表达的前提。能够从事“自由自觉活动”的人就是自主的人，人的自为性就是“个人总是并且也不可能不是从自己本身出发”①，需要指出的是人的自为性，可以为自己个人，也可以是为集体或为社会、为国家，表现为个体的、类的、群体的自为性。而能动性是人在对象性活动中作为主体所表现的自觉性、选择性和创造性，是在人的自主性的能力表达。人的主体性不是先天获得的，而是在实践活动中生成的人的本质属性，人的主体性的发展与人对现实的环境的改造互为一体，现实的环境条件塑造人并影响人，使人成为拥有主体性的现实的人；人又通过实践活动改变周围的环境，在实践活动中发展人的主体性。因此，人的主体性在实践中产生并在实践中得到发展，而思想政治教育本身就是一项精神性的社会实践活动，思想政治教育体现的人与人的关系，从根本上讲是人与社会的关系，它可以说是人的一种存在方式。教育实践活动中的主体和客体都是人，但是由于时间、空间的变化，思想政治教育的主体和客体的角色和地位并不是固定不变的，而是可以相互转化的。在此时他是教育者，在彼时他也可能成为受教育者，这也是主体客体化和客体主体化的过程，教育者和受教育者之间存在相互的学习、影响和渗透，教育者承担着社会的需要和目的，最终要在受教育者身上体现，而受教育者也会反过来影响教育者，进而作用于整个教育活动。

因此，教育者和受教育者都应该充分发挥人的主体性，培养人的主体精神，弘扬每一个人的主体性是发挥所有人的积极性、主动性和

---

① 《马克思恩格斯全集》第 3 卷，人民出版社 1960 年版，第 274 页。

创造性的前提。人的主体性的发挥受客观条件的限制，人的发展遵循一定的客观规律，而思想政治教育就是要自觉以马克思主义的立场、观点和方法，处理个人与社会的关系，自觉遵循客观规律，将个人发展融入社会发展，努力提高个人的历史使命感和社会责任感。然而在过去相当长的一段时间内，人们未能正确处理好个人与集体、个人与社会、奉献与索取等的关系，进而导致人的主体性的发挥受到一定的限制。

在教育方式上，我们重视教育者的主体地位，重视“教”的过程，却忽视了受教育者“学”的重要性，忽视了教育的互动，人为将“教”与“学”变成了单向关系，结果造成了思想政治教育的强制灌输和机械说教；在价值取向上，思想政治教育重政治素养与道德规范的培养，轻个人发展与独立人格的关注，没有考虑个人需要与社会需要之间的张力关系，强调要求和结果却忽视引导与关怀，工具化色彩和实用主义倾向明显，导致思想政治教育的工具性价值突出而目的性价值弱化。然而，市场经济体制的完善，信息化时代的到来，对人的主体性的充分发挥和发展提出了更高要求，高速发展的现代社会要求人必须拥有较强的生存能力、准确地选择判断能力和不竭的创新能力、才能适应当前社会发展的需要，人的独立性、自主性和创造性的培养成为当前教育工作的重点，而教育必须满足现代社会的现实要求，在培养人的主体性方面发挥重要作用。从教育者的角度来看，思想政治教育过程是教育者实施影响，促成转化的过程；从受教育者的角度分析，思想政治教育过程是受教育者通过自身各种思想和心理的矛盾运动，有选择地接受教育者传导的价值观念、思想观点和道德要求等，转变为自己的政治思想品德意识，进而转化为相应的行为和习惯，因此思想政治教育过程是“他教”和“自教”的统一，“他教”是主体客体化的过程，是提高人的政治素养和道德规范的外因，“自教”是客体主体化的过程，是提高人的政治素养和道德规范的内因，两者结合才能实现思想政治教育的目标。

在思想政治教育的目标任务和实施方案的制定过程中，要将培养人的主体性纳入其中，具体内容可以通过以下几个方面展开：

（1）思想政治教育要增强人的主体意识。所谓主体意识，是人能够以积极的态度认识自我并在实践活动中肯定自己的能力和潜力，接受并尊重自己，认识并了解自己，能够在对象性的活动中表达自己的能动性、自主性和创造性，这是人们对于主体意识觉醒的肯定，但是我们需要注意的是人的主体意识分为个人主体意识和社会主体意识，个人主体意识有发挥个人主观能动性的积极意义，同样也存在自我倾向明显的消极方面。增强人的主体意识，不但要使个人自我意识能够充分发挥，而且要把自我意识中的“我”升华到整个社会的地位上来，引导人们在满足个人需要的同时要承担对社会的责任和义务，将个人主体意识与社会主体意识有机融合，在调动个体积极性、创造性的同时，注重社会集体的荣誉感和责任感的培育。

（2）思想政治教育要培养人的主体精神。有学者指出“时代精神最核心的内容，就是人的主体精神”①，主体精神是指人在实践活动中能够实现自我认知、控制并协调自己的意识和行为倾向，发挥个体的潜能和价值的思想动力。主体精神的培养，关键在于培养人的自尊和尊重他人的意识，自尊是人在社会生活中希望自己有信心，有能力，能够独立完成或者胜任工作的需要，尊重他人是一种有道德、有水平、有信誉的体现，这两种意识能够推动人的主体精神的培养，能够促进人的潜在能力的充分发展，创造出它所应有的价值。

（3）思想政治教育要塑造人的主体人格。所谓人格，是人在社会环境中所表现出来的心理状况、行为和情绪等反应的特征，而主体人格，是人在对象性的活动中所表现出来的道德品质、心理特征、精神面貌等综合素质，引导并促进人的主体性的发挥。思想政治教育要实现人的主体人格的目标，可以在完善人的精神品质的同时，把人格的

① 叶澜：《时代精神的构建——关于我国基础教育改革的跨世纪思考》，《教育研究》1994 年第 10 期。

发展转化为人的内在需求，在满足人的精神需要的过程中丰富人的情感，培养人的顽强意志。

二　思想政治教育培养人的主体性的实现路径

思想政治教育培养人的主体性的关键在于，变传统被动方式为主动学习，实现单一灌输向对话交流转变，关注人的现实生活，关注人的发展，关注人们关心的问题，在发挥教育者引导作用的同时，发挥受教育者在思想政治教育中的主观能动性和创造性。思想政治教育要帮助人们树立主体性的世界观和价值观，具体可以通过以下几个方面实现：

（一）思想政治教育要坚持灌输与引导结合、民主与自由适度的原则和方法，通过教育活动，使受教育者能够在学习先进的理论成果的基础上获得个人实践的自由，使学到的理论能够在实践活动中转化为个人的主体能力。教育过程要充分尊重受教育者的个性特征的差异和接受能力的不同，以积极、平等、乐观的态度营造宽松、和谐的教育环境，引导受教育者开阔个人思维空间并提高个人判断能力，能够正确运用所学的知识和理论解决问题，以负责任的态度对待人生，正确处理个人与他人、个人与社会的关系，做出选择，从而确证人之为人的主体力量的存在。

（二）加强对教育对象主体意识和主体精神的培养，从而使人的主体性能够得到最大限度的发挥。思想政治教育应该加强对人的价值、情感、发展等问题的关注，对人们日常社会生活中遇到的现实问题和心理的疑惑及时解答，才能让受教育者在吸收并内化政治思想理论和社会价值规范的过程中获得精神上的满足和自由。培植人的主体意识和主体精神，目的就是通过关注人的现实生活，关注人的精神需要，帮助人们树立起自尊、自强和自立的精神，帮助人们在面对困难和挫折的时候能够不气馁、不放弃，做到勇于探索、勇于创新，能够在错综复杂的环境中始终保持积极进取的精神和态度。

（三）通过自我教育，把思想政治教育内化为自身需要。思想政治教育过程是引导并培养受教育者政治思想和道德品质的过程，也是人的心理、品质、人格等形成的过程，是经历知、情、意、行不断发展的过程。这个过程既需要教育者的引导，也需要受教育者思想上的理解和认同，才能内化、吸收政治思想和社会道德规范，因此，我们可以认为教育只是一种手段，而实现受教育者的自我教育才是目的，只有将其内化为个人的需要，才能达到良好的效果。实现思想政治教育内化为自身需要的关键在于培养人的主体性，可以从以下三个方面着手：首先，就是要引导受教育者树立起正确的价值观，防止复杂的社会环境冲击人们的价值取向；其次，思想政治教育要帮助受教育者形成高效、科学的思维方式，提高受教育者认识、理解和接受教育内容的能力；最后，要重视鼓舞和激励手段的运用，教育者和受教育者增强沟通和交流，形成良好的人际关系，确保能够彼此交换意见。

（四）组织和引导人们投身社会实践，提高教育的感召力。理论与实践的结合一直以来是我们倡导的理念之一，也是知行统一的中国教育传统的基本要求。到西部农村、山区等落后的地方考察，到社会基层去服务；到改革开放的前沿，到现代化的工厂和社会主义新农村建设的示范区调研；到革命老区，到爱国主义教育基地和名胜古迹参观，都是人们深入了解社会、了解国情和社情的实践方式。思想政治教育积极组织和引导人们投身实践活动，有利于开阔人的视野，深化对党和国家一系列重大政策的认识，增强人们对中国特色社会主义的理解和对社会主义核心价值观的把握，对于提高思想政治教育的针对性和实效性，培养人的主体性很有帮助。

第二节　满足人的精神需要

人的精神需要是如何产生的？它有什么特点？它又是如何分类的？这些问题是我们研究的基础问题，他们与思想政治教育的动力基础、内容和效果密切相关，教育关注并满足人的精神需要，在人的生存与发展过程中引导和调控人的精神需要，满足人们在思想、道德、心理、人格等方面的精神发展的需求。从教育者的角度分析，思想政治教育过程是教育者依据一定的社会要求和规范对受教育者开展教育的过程；从受教育者的角度来看，思想政治教育过程是受教育者接受教育并内化的过程，是受教育者依据个人精神需要主动接受“他教”开展“自教”的过程。

一　需要理论是思想政治教育的重要依据

马克思关于人的本质的解读集中在三个命题上，分别从实践、社会关系和需要三个方面进行论证分析。马克思把人的需要看作人的本性，是在分析和考察人类社会活动的出发点和依据的基础上得来的，马克思曾指出人的需要不同于动物的需要，人的需要不仅包括自然需要，还体现在它的社会性方面，他提出“在任何情况下，个人总是‘从自己出发的’……由于他们的需要即他们的本性，以及他们求得满足的方式，把他们联系起来（两性关系、交换、分工），所以他们必然要发生相互关系”①。人的需要是人的本质表现，是客观存在的，它是人类产生思想意识并指导自己的行为，从事一定实践活动的前提，人的需要的满足是提高人的主动性和积极性的基础，因此，我们可以认为需要的满足是人们实践活动的内在动力，人的需要是推动人的发展进而促进社会发展的动力来源，需要的存在具有一定的必然性和合理性。在《德意志意识形态》中，马克思把人的需要更为详细地划分为三种形态：生存的需要、享受的需要以及发展的需要。其中最高级的是发展的需要，解决各种需要的矛盾就得满足“需要”。

美国著名心理学家马斯洛从行为科学的角度把人的需要总结为需求层次理论，从低到高划分为五个层次，他还指出在人们达到实现最

① 《马克思恩格斯全集》第3卷，人民出版社1960年版，第514页。

高层次的需要以后，还有超越自我的需要，我们从马斯洛的需求层次理论可以得出，需要是人类共有的特征，对需要的追求和满足是人类发展的动力，更高层次的需要对我们起着激励和促进作用，我们可以看出，爱和归属感、尊重、自我实现等精神需要的实现是建立在满足生存需要和安全需要等必要的物质需要之后才能追求的。

表 5－1　**马斯洛需求层次理论**

阶段	需求层次	需求内容
低级阶段	生理需求	食物、水分、空气、睡眠、性
	安全需求	人身安全、健康保障、财产所有、道德保障、家庭安全
中级阶段	归属需求	友情、爱情、性亲密、情感和归属
	尊重需求	自我尊重、信心、成就、对他人尊重、被他人尊重
高级阶段	自我实现	道德、创造力、自觉性、问题解决能力、公正度、接受现实能力

人的需要理论同样也是思想政治教育的基础理论之一。前文中已经论述，人的需要不仅仅局限于吃、穿、住、行等基本生存的物质需要，人的需要是不断更新并向更高的层次发展的，人类劳动是有目的、有意识的实践活动，人在满足当前需要的过程中能够产生新的需要，不断发展并创造人的生命活动，所以，我们可以认为正是需要的存在，才促进并延伸了人的生命，需要是人们前进的动力。人在满足物质需要的过程中还要满足精神需要，精神需要的满足也是人类实践活动的重要组成部分，思想政治教育是人的重要的精神实践活动，帮助人们形成一定的思想、道德、政治、文化等素质，推动人的精神层面的发展，是满足人的精神需要的主要方式和基本途径，它在关注现实的人的发展和树立人的政治思想、社会道德等方面发挥着重要作用。

精神需要的满足是思想政治教育功能的体现，对于推动马克思主义“动心、动情、动脑”具有重要的意义，比如在党员群体中开展党性教育，加强党员对于我党历史的了解，加深对于马克思主义理论的思考，对于我们思想政治教育方式方法的改进起到了促进作用。满足人们的精神需要，可以促进人们自觉抵制错误社会思潮的冲击，比如针对历史虚无主义问题的出现，通过加强“四史（党史、新中国史、改革开放史、社会主义发展史）教育”，可以帮助人们树立爱国、爱社会主义的信念，对历史虚无主义这种错误思潮的批判和认识更加清晰，针对当前网络上经常会看到一些戏说历史的文章，有人对于革命过程中的阶级斗争和阶级矛盾的分析有些偏颇，甚至有娱乐化的倾向，这就需要我们及时引导，我们应该在理论宣传方面提前做好工作，出现错误的思想倾向要及时予以纠正，占领思想舆论的制高点，坚持马克思主义在意识形态领域中的指导地位。此外，作为主渠道的学校思想政治教育，在如何上好思想政治理论课，怎样把教材中的理论知识、主要内容传授给学生等方面，我们可以把鲜活的案例、丰富的历史故事等贯穿进入教学当中，不能仅仅从书本到书本，从理论到理论，要真正做到中国文化与马克思主义的对接，把我们的文化、历史等融入思想政治教育教学当中，真正实现人的精神需要的满足。

二　引导和教化是调节人的需要的手段

人的精神需要受外界环境的影响，当前复杂的社会环境带来了文化冲突、价值冲突、道德冲突等问题，这些冲突的存在使得人们精神需要的满足成为一个未知数，同时也给我们目前的思想政治教育带来了机遇和挑战。引导和教化是调节人的需要的两个基本手段，面对冲突，思想政治教育可以通过引导和教化调节人们的精神需要，及时消除冲突带来的负面影响，避免人们陷入价值困惑、精神空虚、信念迷失当中，在满足人们正当合理的精神需要的同时，指引人们发展。可以通过以下三个方面的途径加强对人的精神需要的引导和教化：

（一）积极学习马克思主义价值观理论。马克思主义价值观理论是我们面对中西方文化冲突时，如何坚持真理判断和价值评判的理论根据。价值观作为一种评价性的认识，是人们在长期生活中逐渐确立起来的价值判断的系统性的理论观念，也有正确和错误之分。马克思主义认为，“凡是正确地反映人与自然、人与社会间的具有普遍性、必然性的价值关系的，并被实践证明对人类社会生活和实践发展长久的、深刻的积极影响的价值观，就是科学价值观”①。当代中国社会，党中央要求我们在进行社会主义现代化建设的过程中坚持科学发展观的指导思想，那么科学发展观的落实要求我们必须坚持正确的价值原则，我党在中国特色社会主义条件下提出了建设社会主义核心价值观体系的要求。

无产阶级的价值观的根本宗旨就是为实现共产主义而奋斗，社会主义社会倡导的人生价值观在于为人民服务，把人民的利益、社会的利益的实现当做人生价值的最高标准，个人的发展和人生选择，要着眼于人民的、集体的需要，并且只有在社会大集体中才能发展个人的智慧和才能，实现个人的理想和目标，达到自我价值的实现。马克思主义的人生价值观的核心在于奉献，我们一直倡导的“为人民服务”的根本出发点就在于个人在社会中的价值是什么，毛泽东同志说过“为什么人的问题，是一个根本的问题，原则的问题。”② 社会主义的基本要求就是个人要把自己融入集体中，自私自利的行为是受到人民唾弃的，而甘于奉献、为人民服务则是我们无产阶级的价值原则，这是我们的人生价值追求中最核心的部分。

（二）以辩证批判的态度对待文化冲突。中西文化冲突是客观存在的，我们必须正视冲突的现实，尊重文化上的差异，妥善处理文化冲突带给我们的问题，正确引导，这样，才能减少对立，避免因文化冲突带给我们价值取向的偏离。我们的社会要发展，文化要交流，中西文化在相互交融过程中产生冲突的同时也带动了社会的

① 赵甲明、韦正翔：《马克思主义基本观点18讲》，中国社会科学出版社2011年版，第91页。

② 《毛泽东选集》第3卷，人民出版社1991年版，第857页。

发展，更新了我们原有的文化观念，提供给我们更多价值选择的余地。我们对待冲突要采用批判辩证的态度，马克思主义就是在对不合理的社会现实的批判中、对各种社会思潮的批判中丰富和发展起来的。我们面对中西方文化的冲突，面对先进的、有利于人的发展的方面要积极吸收，对各种不合理的甚至是错误的思想观念、文化思潮等进行有理有据的批判，引导人们明辨是非、弘扬真善美、坚决摒弃落后的、错误的思想观念，引导人们正确处理得与失、苦与乐、个人与社会、金钱和道德、成功与失败等的关系，让社会主义主流价值观在公众中广泛传播，不能让拜金主义和利己主义等思想泛滥。

面对冲突我们采取包容和批判相统一的方式，只包容不批判，只会造成负面的、落后的文化在人群中蔓延开来，结果导致公众乃至整个社会价值取向的扭曲。只批判却不包容，会使文化中积极的一面被抹杀，文化思想的发展缺乏动力，思想得不到解放，社会就没法进步。总之，积极利用中西文化冲突，采取包容和批判有机结合的方式，才能使“多种文化得到融合与发展，使民族文化与外来文化相互促进，使传统文化和现代文化相互交织，使先进文化得到发扬，使落后文化受到抵制”①。

（三）加强社会主义核心价值体系的引领。当代中国，各种文化思潮汇聚在一起，有马克思主义文化，有中国传统文化，还有西方功利主义等等，有的属于我们社会的主流文化，有的属于非主流文化，为了维护社会的和谐与稳定，我们要加强引导主流文化的传播与发展，我党在十七大报告中明确提出，要用社会主义核心价值体系引领社会思潮，面对多元文化并存，文化冲突显现的情况，坚持指导思想和主导价值的一元化，是维护社会稳定发展的前提。在中西文化冲突的背景下，帮助人们消除价值选择的迷茫，解决现实问题，树立正确

---

① 刘云山：《建设和谐文化巩固社会和谐的思想道德基础》，《人民日报》2006年10月24日第2版。

的人生价值观，迫切需要核心价值体系的引领。而坚持马克思主义的指导思想是价值观教育的理论来源，体现的是世界观和方法论的批判与整合，中国特色社会主义共同理想和信念教育应该成为目前价值观教育的核心内容。思想政治教育的实质就在于通过理论指导，使得人们正确认识到自身的发展要同建设中国特色社会主义共同理想结合起来，正确认识当前中国建设的基本国情，积极投身现代化的建设中。同时，社会主义核心价值体系中的两个精神则体现了文化层面上的认同，是人们树立爱国思想和创新精神的基本要求，而社会主义荣辱观的教育是对人们道德的约束和规范。

总之，它是引导和调节人的精神需要的重要保障。文化冲突、价值冲突和道德冲突的时代是人们文化理念、价值观念和道德评判标准不断变化的时代，社会生活中存在的各种问题，例如美与丑、好与坏、先进与落后等矛盾，容易使人们产生迷茫甚至不知所措，可能引起少数人价值观的扭曲，从而引发社会问题。所以说，只有加强社会主义核心价值观的引领，才能使人们坚定社会主义信念，明确发展方向，提高人们的文化甄别力，拥有正确的价值取向和价值判断标准，为人们实现人生理想提供精神上的支持和保证。

三　思想政治教育是人的精神世界的“守门人”

人的精神世界的发展，有助于提高人的精神生活的质量，提高人的思想觉悟水平，我们可以认为思想政治教育实践活动本身就是人的精神需要的重要组成部分，同时还是帮助人们满足其他需要以及引导、约束和调控需要类型的重要途径和手段。因此，思想政治教育充当了人的精神世界的“守门人”的角色，充分发挥了人在物质生产劳动中的主观能动性，依照人性的基本要求和人类寻求“真善美”的价值追求去认识世界、改造世界，在实践中推动人的精神性的发展。满足人的精神需要，引导并促进人的精神世界，主要体现在以下三个方面：

（一）确定人的政治信仰。政治信仰是人们掌握一定的政治观念，在长期实践活动中形成的对于政治制度、政治目标、政治行为等方面的信任和尊重，是一种稳定的思想认识和态度，是人们认同并信任的基础。思想政治教育的核心在于政治信仰教育，目的在于提升受教育者自身政治观念水平，将统治阶级的意识形态转化为人们的思想认识，通过开展政治教育活动确定人的政治信仰，并以此来指导人们的行为实践。可以说，政治教育是核心内容，同时也是导向性内容。思想政治教育内容要体现人的价值追求，主要通过政治教育体现人的价值追求，可以通过两个方面实现：第一，用核心价值体系创新思想政治教育的内容，既是引导个人价值与社会价值的统一，又能突出我们的共同理想。第二，思想政治教育要以理想信念教育为核心，理想信念直接决定着一个人的政治认知、政治情感和政治价值观。前美国总统布什在就职期间就指出："教育不仅是任务，更是高度的责任，向下一代传递科学知识和我国的社会灵魂——理智、正义、信仰、自由等美德"①；新加坡、韩国也注重向本国青年宣传和灌输自己的资产阶级民主建国理念，发达国家的思想政治教育同样把理想信念教育放在首位。

在不同历史时期和社会发展阶段，思想政治教育的目标不同，其具体内涵随环境变化而发生改变。在新民主主义革命时期，思想政治教育的目标和任务是培养具有崇高革命理想和坚定革命意志的革命者；在建国初期，思想政治教育动员并引导广大人民投身社会主义建设，统一全党和全国人民思想；改革开放以后，从培育"四有新人"，到为中华民族伟大复兴中国梦的实现而奋斗，思想政治教育的任务和目标也在不断发生变化，其内涵也在不断地丰富和发展。通过不同历史阶段的任务和目标的分析，我们可以发现思想政治教育始终重视受教育者坚定政治信仰的培育，强调意识形态对人们价值取向的引领，

① 陈晓燕：《美国思想政治教育的若干特点及其对我国的启示》，《玉林师范学院学报》2006 年第 1 期。

帮助受教育者形成一定的政治价值观并付诸行动，这就是确定人的政治信仰的集中体现。教育的内容依据教育目标，结合具体实践情况来制定，体现了统治阶级对广大社会成员政治、思想、道德等方面的要求。我们作为社会主义国家，思想政治教育要以马克思主义理论为指导，对广大人民群众开展集体主义教育、爱国主义教育、社会主义和共产主义教育，坚持理想信念教育，使人民群众在当前复杂的社会环境中能够保持坚定的政治信仰，而目前这种教育集中体现为社会主义核心价值观的教育。

（二）指引人的道德发展。道德是什么？道德的作用表现在哪些方面？道德的发展与人的发展需要之间是什么关系？厘清这些问题是我们探讨思想政治教育指引人的道德发展的前提。

道德是维护人们利益、维持人类社会关系的准则。道德作用的发挥围绕人与自然、人与人、人与社会来展开，道德的作用表现为纠偏和引领，约束人们错误的行为倾向，指导人们遵守一定的道德规范。道德的发展往往具有一定的滞后性，但是道德的发展与人的发展是一种互相促进又互相制约的关系，道德的发展能够指导、规范和纠正人的发展，使人的发展表现出和谐、进步和稳定的特征。例如，在人与自然的关系中，道德通过生态伦理来限制并纠正人类破坏生态环境的自利行为；在人与人的关系中，道德通过沟通、交往的方式调节人的不同要求；在人与社会的关系中，道德通过社会规范和公序良俗等来引导人们的群体行为，平衡个人需要与社会需要的张力关系。

在目前的社会背景条件下，思想政治教育指引人的道德发展，表现为以马克思主义为指导，帮助人们树立科学的人生观、世界观和价值观，以集体主义、爱国主义和服务精神、奉献精神等社会主义的道德思想引领人的道德成长，强调个人对国家、社会和集体的作用，推动个人发展融入中国特色社会主义建设当中，实现个人利益、集体利益和国家利益的融合。马克思主义的世界观强调我们要科学认识客观世界的本质和人类社会发展的规律；马克思主义的人生观反对个人主义和享乐主义的人生观，强调以集体主义和奉献精神为基础的人生态度与生命意义；马克思主义的价值观把个人价值的实现融入社会价值的实现当中，强调个人对国家、社会和集体的作用和意义。而社会主义的道德思想同样以马克思主义理论为指导，建立在无产阶级的利益基础之上，主要内容包括为人民服务、集体主义、爱国主义、诚信思想以及社会主义公民基本道德规范和荣辱观等多个方面。社会主义道德建设要“以为人民服务为核心，以集体主义为原则”，体现了社会主义道德的基本要求，即在尊重人、关心人和爱护人的基础上，顾全大局，正确对待多种利益之间的相互关系，强调集体主义、反对个人主义，提倡把国家和人民的利益放在首位，同时尊重并维护个人合法权益的社会主义义利观。

以马克思主义为指导的世界观、人生观和价值观不可能在人们的思想意识中自发形成，必须通过一定的教育手段灌输给人民群众，才能使人们产生强烈的认同感，而社会主义的道德思想要指导人们的行为实践，也需要通过教育来传递，使人们接受社会主义的道德教育并内化为个人的思想认识，进而体现在他们的行动中。在这个过程中，思想政治教育承担了主要任务，帮助人们践行社会主义的道德观，因此，思想政治教育成为广大人民群众学习并掌握社会主义思想道德的重要途径，在促进人的道德发展过程中发挥着重要作用。

（三）提高人的价值追求。中国社会经历了四十多年的改革开放，随着市场经济的不断深入发展，当代中国社会转型问题也越来越受到人们的普遍关注，从政治到经济、文化等多重领域的转型，使得当今社会发生了翻天覆地的变化，那么随之带来的就是社会转型期文化环境的变迁、人们的观念和思维不断更新、价值矛盾与冲突的存在，从而导致了多元文化并存，多种非主流价值观的出现，因此，党和国家在新时期提出了建设社会主义核心价值体系，其重点就是要树立人们的核心价值理念，而思想政治教育的重点就是要引导人们正确认识人的价值，提高人的价值追求，加强人们对于主流价值观的认同，自觉抵御文化糟粕，坚定社会主义核心价值理念。

价值观的正确与否决定一个人价值追求的高低，而个人价值观的形成受到家庭环境、学校教育、社会风气等诸多外部因素的影响，尤其是广大青少年正处于人生观、价值观、世界观完善的关键阶段，当前在社会转型期多元文化并存、中西方义利观不同、幸福观不同等文化冲突的背景下，如何处理好主流文化对人们价值观的引导，消除文化冲突带来的负面影响，充分把握核心价值观对人的价值追求的引领，成为目前思想政治教育活动中倡导社会主义核心价值体系，培养公众文化甄别力，实施正确价值选择的重要途径。

第三节　重视人的个性特征

人的个性特征的差异，表现为人的思想认识、心理活动等方面的不同，这种人的个性特征的差异性，决定了思想政治教育方法、手段和形式的选择必须因人而异，不能千篇一律。思想政治教育重视人的个性特征，是符合人的个性发展和人格塑造规律的需要，当前社会大环境促使人的多样化个性日益凸显，因此教育方式方法的运用必须合乎人的个性发展的基本要求，开展人性化的教育实践活动，充分展现思想政治教育的时代性和感召力。

一　人的个性与教育普遍性的统一

中国传统教育思维具有强调整体性和一致性的特点，注重教育的普遍性，以“整齐划一”的标准要求全体学生，这种教育思维在一定程度上有助于教育的管理和规范，但是同样存在一定的缺陷。正是受这种教育思维方式的影响，思想政治教育在实践过程中往往注重教育的普遍性，而忽视了人的个性对教育效果的影响，过于强调人的“共性”，而忽视了人的个性，其结果导致教育方法的整体划一和僵化，使思想政治教育变得单一而乏味，造成“两耳不闻窗外事，一心只读圣贤书”的局面，这种僵化的教育方法只会抑制人的创新能力的发展，人们只是在接受教育，而对所学的理论和知识不求甚解，更没有转化为个人的思想认识。

由于中国传统教育具有重群体的价值取向，事实上强调教育的普遍性与理解和包容人的多样化的个性特征并不矛盾。思想政治教育重视统一人们的政治思想和道德素养，但是并不排斥人的个性化发展，事实上，正是由于人的个性特征的不同，才能促进人在不同领域的发展，才能成就一个个个性鲜明的历史人物，推动社会整体的进步。新的历史条件下，改革进入关键时期，不同群体和不同阶层的格局发生了重大变化，进入了调整期，整个社会的精神生活发生了改变，不同的思想和文化交织在一起，人们的思想认识、道德观念和价值评判标准随着时代的进步呈现出多样化的特征。人们个性特征的多样化是这种多样化的社会生活和多元化的思想价值观念的深刻反映，是时代发展和历史潮流的大趋势，是社会文明进步的标志。思想政治教育者应该转变观念，不能以否定排斥、蛮横指责的方式对待人的个性特征的差异，要以理解和包容的态度贴近人们多样化个性的实际，加以正确引导。坚持人的个性是坚持教育的人性化、人道化，思想政治教育要培养良好的个人素质，实现全面和谐发展的人。

人的个性的不同使人的生活变得更加丰富多彩，给整个社会带来更多的生机和活力，特别是近些年以来，人们尤其是广大青少年，他们的个性呈现日益多样化的趋势。而从另一个角度分析，人的个性促进人的思考能力的发展，使人可以通过各自独特的视角来认识和处理问题，即每个人都有不同的思维和独特的工作方式。因此，正是人的多样化的个性存在，才使得人的潜能得到激发，人们的社会生活更加丰富。在新的时代背景下，思想政治教育者应该坚持人的个性与教育普遍性的统一，既要帮助受教育者形成符合一定社会要求的政治思想和道德观念，又要牢固树立以人为本的教育理念，切实尊重受教育者的多样化个性，主动激发受教育者的聪明才智和创造精神，同时以高标准、严要求，引导他们发展与社会和集体要求相适应的个性，实现理论的创新发展。

教育的普遍性与人的个性的统一还包括他教与自教的统一过程。人的思想品德、政治素质的培养需要他教。所谓他教，就是教育者对受教育者的外部影响，是人的个性形成的外因。同时，人的品德和政治素质的形成更需要自教，自教是培育人的品德和政治素养的关键，是将所学的理论知识内化为个人的品质过程，它反映的是受教育者客体主体化的过程，是受教育者个人主观能动性的充分发挥。

二　人的个性与灌输教育的互补

灌输教育是现代教育方法中必不可少的一种教育方法，它不等于人们常说的“灌输式教育”或者填鸭式教育，两者有着本质的区别。灌输教育强调的是思想的灌输，是运用马克思主义的基本原理开展宣传教育活动，重在培育人们形成一定的思想觉悟和价值观念，帮助人们形成正确的思想认识。在现代教育活动中，灌输教育在新的教育理念下，能够发挥重要作用。

“灌输论”的思想来源于马克思恩格斯，后来经过考茨基的发展，最后由列宁明确提出来并作了详尽阐释。“灌输论”的思想并不是列宁的独创，也没有背离马克思的群众史观。马克思恩格斯虽然没有明确地提出过“灌输论”，但他们不断地批评那些对无产阶级运动产生不良影响的错误思想，代之以他们提出的科学的指导理论，这本身就体现了理论家对无产阶级运动发展的一种灌输原则。马克思在《〈黑格尔法哲学批判〉导言》中指出，“哲学把无产阶级当做自己的物质武器，同样，无产阶级也把哲学当做自己的精神武器；思想的闪电一旦彻底击中这块素朴的人民园地，德国人就会解放成为人。”① 这里马克思所说的无产阶级的“精神武器”就是通过灌输教育的方式获得，

① 《马克思恩格斯选集》第1卷，人民出版社2012年版，第16页。

这是一条实现人类解放的途径，通过灌输教育让工人阶级掌握科学的理论，就像“思想的闪电”一样直击人们的内心。同时，批判错误的思想也是为了在广大无产阶级群众中树立正确的思想，灌输是工人阶级掌握正确科学理论的一条重要途径。1901 年，德国社会《新时代》主编卡尔·考茨基提出了“灌输论”的观点，列宁在《怎么办?》一书中引用了他的观点，卡尔·考茨基提出“社会主义意识是一种从外面灌输到无产阶级的阶级斗争中去的东西，而不是一种从这个斗争中自发地产生出来的东西……社会民主党的任务就是把认清无产阶级的地位及其任务这种意识灌输到无产阶级中去。”[①] 列宁以俄国革命的发展为客观依据，提出灌输思想，发展了灌输理论，列宁认为当时俄国充斥着各种非马克思主义思想，特别是经济主义控制着工人运动，使得工人运动出现了问题，他从社会主义理论的传播和人的正确思想的形成规律出发，将马克思主义关于“灌输”的思想同俄国工人运动相结合。列宁在《怎么办?》一书中对第二国际的修正主义及其机会主义进行了激烈的批判，明确地提出“工人本来也不可能有社会民主主义的意识。这种意识只能从外面灌输进去，……而社会主义学说则是从有产阶级的有教养的人即知识分子创造的哲学理论、历史理论和经济理论中发展起来的”[②]。列宁对“灌输”思想和原理进行了详细的阐释和论证，从灌输的作用、主客体关系、内容等方面做出了理论概括，使得灌输论成为其思想政治教育理论的重要内容。马克思主义理论传入中国后，灌输论思想对中国共产党的思想政治教育工作产生了重要影响。

此外，灌输教育需要注意的是培养人们对待科学理论的态度问题。马克思主义理论不是教条，更不是任人打扮的小姑娘。“马克思的整个世界观不是教义，而是方法。它提供的不是现成的教条，而是

---

① 《列宁选集》第 1 卷，人民出版社 2012 年版，第 326 页。

② 《列宁选集》第 1 卷，人民出版社 2012 年版，第 318 页。

进一步研究的出发点和供这种研究使用的方法。"[①] 马克思主义理论需要发展，需要随着时代的发展、社会的变化而发展，也需要各国的无产阶级领导者及其广大的无产阶级群众结合自身社会的特点、实践发展的特点去发展。这种发展应该是建立在对马克思主义理论的全面的、整体的把握基础之上的，应该是在马克思主义基本原理、方法基础上的发展，而不是任意的割裂、曲解和篡改，更不是对马克思主义基本原理、方法的背离。

习近平总书记在2018年北京大学师生座谈会上的讲话中指出，"要通过学习知识，掌握事物发展规律，通晓天下道理，丰富学识，增长见识"[②]。接受教育是掌握真理的重要渠道，但是更为重要的是对理论的准确把握，我们要在学习中运用思考，实践中注重结合，掌握马克思主义理论这一与时俱进的强大思想武器。

三　人的个性与主流意识形态的一元性

在阶级社会中，意识形态的多元化是其存在和发展的基本规律，在思想政治教育领域中，马克思主义一元主导则体现了意识形态中指导思想的根本原则，是我国意识形态中马克思主义指导地位的保证。因此，对于意识形态中"一"与"多"的正确认识和把握，是进一步稳定我国社会主义社会主流意识形态的理论基础。我国古代思想家在探讨"一"与"多"之间的关系时，认为其蕴含着深刻的朴素唯物主义原理，是整体与局部、共性和个性的基本关系，而我国当代意识形态的一元性与多元化发展，建立在人的共性与人的个性基础之上，根据唯物辩证法关于矛盾基本规律的认识，我们可以发现人的共性与个性之间的矛盾，反映在社会意识形态层面主要表现为主流意识形态的一元主导同意识形态的多元化发展（即人的多样性要求的表现）之间的矛盾。在这对矛盾中，主流意识形态的一元性是矛盾的主

① 《马克思恩格斯选集》第4卷，人民出版社1995年版，第742页。

② 《在北京大学师生座谈会上的讲话》，《人民日报》2018年5月3日第二版。

要方面，决定了社会意识形态的发展方向；意识形态的多元化发展是矛盾的次要方面，对矛盾的主要方面具有影响作用。这一矛盾的对立统一就是坚持社会主义意识形态的主导，用社会主义核心价值观引领人的需要和发展，在满足人的个性的多样化要求的同时，实现马克思主义在意识形态领域的主导地位。

人的个性是不同的人在社会现实生活中存在差异的原因，伦理学把人的个性看作道德性规定的范畴，一般情况下把人的个性定义为道德品质、情感、人性等人格因素；心理学则把人的个性总结为个体的性格、能力、行为方式和心理特征等。马克思和恩格斯关于个性的研究是建立在对本质论研究的基础之上，马克思在其“异化”理论中明确提出，资本主义社会私有制的存在，造成人的个性在异化的劳动过程中被束缚、被压迫，他认为“在资产阶级社会中，资本具有独立性和个性，而活动着的人却没有独立性和个性”①，劳动的异化抑制了人的创造性和自主性的发挥，使人的精神和肉体受到双重折磨，结果造成了人的个性的异化，只有实现共产主义，消灭私有制才能实现人的个性解放和人性的全面复归。恩格斯则借助鲁滨逊漂流记的故事来揭示无产阶级的个性在资本家的压迫下被扼杀的问题，他认为无产阶级在资本主义社会中无法获得平等的地位和追求幸福的权利，生产劳动对于他们来说成为了一种异己的、对立的力量。要想实现人的个性的丰富和发展，只有推动社会主义事业，实现人的自由全面发展，才能使每个人的个性得以全面实现。因此，就当前社会主义事业建设而言，我们必须进一步增强主流意识形态的自信，保持马克思主义的指导地位，在教育实践活动中处理好人的个性与主流意识形态一元性的关系，即以主流意识形态的教育引领人的个性发展，把核心价值观的要求内化为自觉的意识和品行，促进每一个人个性的丰富和完善。

一方面，推动人的个性化的培育。人是社会的人，人的生存和发

① 《马克思恩格斯选集》第1卷，人民出版社2012年版，第415页。

展无法离开社会环境这一必要条件，斐斯泰洛奇曾经指出，教育的目的不是培养孤立的个人，而是要把人融入社会大环境，进而推动个人的发展。马克思也在《共产党宣言》中提出人的自由个性的联合，并指出在这一联合体中，所有人实现发展的前提是实现每个人的自由发展，人的个性在社会交往活动中能够实现自由发挥，是个性化与社会化的有机结合，是人的共性与个体差异性的统一，是人能够摆脱束缚，主宰个人命运的条件。人的个性在社会生活的影响和个人主观努力下会形成彼此差异性的特征，个性的发展是在社会生活中实现的，通过正确的引导和教育，不仅不会妨碍他人的发展，还能调节人们之间的社会交往关系，进而促进他人的发展。因此，我们教育的目的不在于塑造毫无个性、千篇一律的人，二是要培养具有丰富情感、个性鲜明的主体的人，也就是马克思主义人学所倡导的人的最高价值取向，即追求人的自由解放和个性的发展与完善。

另一方面，意识形态教育是思想政治教育的一项重要内容，而主流意识形态的构建完善和影响力提高是促进我国社会主义建设、维护改革发展稳定大局的前提条件。我党以马克思主义理论为指导，我们的教育也必然以此为基础，尽管当前马克思主义处于意识形态领域的指导地位，主流意识形态的地位和影响力获得了稳定提升，非主流意识形态的影响力在历史的检验和时代潮流的冲刷中逐渐下降，但是随着社会环境的变化，非主流意识形态在新的时期也呈现出新的特征，其对主流意识形态的挑战依然存在。因此，我们的意识形态教育必须坚持马克思主义的一元化指导。

坚持人的个性是坚持教育的人性化、人道化，教育才能培养具有良好个性、素质全面和谐发展的人。只有尊重人的个性的丰富性和自由性，才能提升教育的层次和价值，才能提高教育的公信力和认可度。我们教育的对象是现实的个人，是一个个活生生的，有思想有见解的人，尊重并引导个性的成长是促进潜能发挥、提高综合素质的重要手段，没有个性的充分发展，就没有人的自由全面发展，而意识形态建设又是维护社会和谐稳定、向前发展的理论支撑和精神动力。因此我们必须稳步提升主流意识形态的影响力，在意识形态的教育过程中坚持马克思主义的指导，尊重人的个性，引导并帮助人的个性的成长，为开放人的潜能创造有利条件。

第四节　促进人的全面发展

发展问题一直都是科学研究关注的热点话题，而人的发展是马克思主义人学研究的重点。人作为一种有意识的生命存在物，始终处于不断的变化发展中。前文中论述的人的个性的发展也是人的发展的一部分，马克思谈到的关于人的自由而全面发展的理想状态是“每个人的自由发展”，他把人放在社会中考察，深入了解无产阶级的生存状态，从劳动异化着手，抨击资本主义制度下工人的悲惨命运，揭示人的自由全面发展的目标和实现人的发展的手段。人的自由全面发展不仅是马克思关于人的发展问题的认识，同样也是当前思想政治教育的时代主题。人的发展过程包括主体性的提升、综合素质和能力的提高、社会关系的丰富和完善等多个方面，这些都需要通过社会实践来实现，而人的实践活动需要以对客观世界的认识和客观规律的把握为前提，才能在人自身、自然界和人类社会的改造中获得解放，所以说人的发展是以实践为基础，而实践活动中所需要的知识和能力的获得又与教育密不可分，因此，马克思认为造就全面发展的人的途径和方法是教育与生产劳动实践相结合。

一　人的发展与思想政治教育的目标

人的生存和发展离不开自然和社会条件的限制，人是社会中的人，脱离了社会环境人类自身生存都难以继续，更谈不上发展。人类活动本身推动着社会的进步，人自身的发展也要融入社会的发展中才能实现终极目标。马克思曾经指出，“人类全部力量的全面发展成为目的本身。在这里，人不是在某一规定性上再生产自己，而是生产出他的全面性”①。人的自由全面发展是我们的理想和追求，社会又为我们提供了发展所必须的物质条件和精神文化资源，而思想政治教育作为人类的精神实践活动，为促进人的发展提供了思想和精神层面的基础与支撑，这是它的根本性意义所在。

思想政治教育促进人的发展体现在以下三个方面：

（一）促进个人与社会的和谐发展。我们提倡构建和谐社会，首先要从个人自身的和谐做起，个人的和谐是集体的和谐乃至整个社会和谐的基础。中国传统思想文化所倡导的天人合一、中庸之道等处世思想都是古人推崇的人生智慧，这些观点对于我们实现人自身的和谐也有一定帮助，例如儒家思想强调为人处世应当以平静、豁达的心态对待人生，只有自身的和谐达成，才能促进家庭和社会的和谐。马克思主义人学思想认为，人的生活离不开社会，人的心理状态受到个体情感、认识以及周围他人、社会对自己的态度和评价的影响。

因此，要实现个人的和谐，就要以积极的态度融入社会，把个体的发展同集体、国家和社会统一起来，才能促进个人主体自身的和谐发展。要实现个人与社会的和谐发展，需要从以下两个方面入手：一是要实现人的价值，促进人自身的和谐，可以通过自我教育提高个人修养、道德品质和良好的心理素质，能够以积极乐观的态度处理问题，保持心平气和、知足常乐；二是打造良好的外部环境，促进个人与社会的和谐，一个和谐的社会环境能够营造公平、正义和友善的生活氛围，当然，人与社会的和谐需要发展作为前提条件，需要一定的经济发展和物质丰富作为基础，“社会要和谐，首先要发展”，只有大力发展社会生产力，解决发展中存在的不平衡问题，才能推动社会的协调发展，才能促进个人与社会的核心。古人讲“修身齐家治国平天下”，我们希望能够借用先贤的哲言来点拨我们的心弦，提高我们的

① 《马克思恩格斯文集》第8卷，人民出版社2009年版，第137页。

精神境界，净化我们的心灵世界，构建一个生机勃勃、政通人和的和谐社会。

（二）引导人的个性的全面发展。思想政治教育的根本目的是促进人的自由全面发展，而人的自由全面发展包括人的个性的全面发展。教育的核心在于“培养什么人，怎样培养人”，思想政治教育的目标就要培养为社会主义建设事业服务的人才，人才的标准首先是成为一个人格完善的人，人格的养成需要人的个性的全面发展，这里所说的个性不是特立独行的、异于常人的性格。马克思主义人学指出，人应当成为自己和社会的主人，成为一个能够自由支配并充分发挥个人能力和才华的人，人的自由全面发展包括人的能力和素质的提升，人的社会关系的丰富和个性的全面发展。个性是一个人区别于他人的重要标志，而思想政治教育的促进人的个性的全面发展，就是要发掘个人的潜能，推动人实现对“自身的全面占有”。

当前思想政治教育也同样面临着诸多挑战，社会的不稳定因素给我们的个性带来不利影响，随着物质生活水平的提高，促进个性完善的物质条件越来越充分，但是能够影响人的个性发展的社会因素也在不断增加，人的思想认识和价值判断受到多种社会思潮的冲击。而思想政治教育的主要内容包括人生观教育、世界观教育、价值观教育、政治教育、道德教育、心理健康教育等诸多方面的内容，使我们坚定信念，坚持理想。因此，个性的全面发展与我们教育的目标保持一致，与我国核心价值体系的基本要求保持一致，是我们社会进步的基础条件。

（三）推动人的素质的全面提高。要实现中华民族伟大复兴的中国梦，关键是要提高人的素质，促进人的全面发展。人的素质包括思想、道德、情商等多个方面，素质的高低决定了人的精神层次的水平，人的素质的全面提高是个人同时也是社会进步的一项基本指标。素质提升有助于化解社会矛盾、增进价值认同，同时也能够促进社会治理能力提升，将主流、正向的价值取向转化为社会治理效能，对于推进社会治理能力的发展，促进社会和谐稳定具有重大的现实意义。社会治理能力和治理体系的现代化建设，要求我们从多个方面共同着手，行动要落到实处，其着力点归结到每一个人，就是要提高人的综合素质。随着改革的不断深入与市场经济的发展，给我国社会治理工作的理念、职能和运行体制带来了前所未有的机遇与挑战。“越来越多的人从‘单位人’走向‘社会人’，社会阶层在流动过程中逐渐分化”[①]，人的价值取向也从单一走向多元。而市场经济体制改革、法治社会建设的时代要求，也带来了社会治理价值取向的深刻变化，呼唤着我国社会治理能力的创新发展。

当前中国特色社会主义现代化建设中面临的一系列重大问题，如依法治国问题、廉政建设问题、社会公平问题、深化改革问题、弘扬社会主义核心价值观问题以及生态危机问题等，这些问题都和社会治理相关，但是归根到底依旧是人的问题，实现社会治理现代化发展的长久策略需要依靠社会整体的素质提升。

二　人才培养与思想政治教育的功能

习近平总书记在 2014 年 9 月同北京师范大学师生代表会谈时，提出“‘两个一百年’奋斗目标的实现、中华民族伟大复兴中国梦的实现，归根到底靠人才、靠教育。”马克思主义的人才观强调人民性、实践性和现实性的统一，人才强国是我们社会主义现代化建设的基本战略，人才培养是我们教育的重要任务和目标，而且教育改革的方向和目的也是为了提高人才培养的质量，就我们当前的教育而言，培养社会主义的合格建设者和接班人就是培养具有良好社会主义道德和社会责任感，具备一定的人文、科学素养，具有一定创新、学习和进取精神的人才。人才培养离不开我们对教育的功能定位和作用的发挥，思想政治教育只有实现了“有位”才能达到“有为”的目的，思想

① 刘任平：《加强和创新社会管理：价值取向与路径选择》，《理论学习》2012 年第 3 期。

政治教育要在人才培养方面发挥重要作用，首先需要对其功能进行准确定位。

研究思想政治教育功能，首先必须对其概念和内涵有明确的认识。功能概念最早被应用于物理学中，后融入社会科学的理论体系。功能属于关系范畴，所谓功能，即事物或者方法所发挥的有利作用，体现的是对象需要的满足；所谓思想政治教育功能，是思想政治教育系统内部各要素之间以及系统与环境之间的相互作用，表现为思想政治教育对人的发展以及社会发展所起的作用。

那么思想政治教育功能包含哪些方面，学者们对其功能的划分有着不同的标准和依据，而最为普遍的分类方法则是“从笼统的角度来分类，只是在具体阐述上有所不同”①。例如，郑永廷、刘书林等认为“思想政治教育的功能主要有导向功能、保证功能、育人功能、开发功能”②；张耀灿、陈万柏认为“思想政治教育的社会功能包括保证功能、导向功能、凝聚功能、激励功能、调节功能和转化功能”③；有针对思想政治教育作用的对象把功能划分为个体功能和社会功能；也有按照思想政治教育的价值来划分功能，例如平章起和梁禹祥认为思想政治教育的功能体现在它的价值，并且由其社会本质所决定。目前，学界对于思想政治教育功能的研究角度不同，分类标准不一样，存在分歧，但是内容上却是大同小异，没有本质的区别。从马克思主义人学视域中探讨思想政治教育，从人才培养的角度分析思想政治教育功能，我们可以把思想政治教育功能概括为三个方面，即导向功能、育人功能和激励功能。思想政治教育本身承担着多重教育功能，这是由思想政治教育对象的复杂性以及思想政治教育本身内容和方法的多样性决定的。就人才培养而言，思想政治教育功能体现为促进人

---

① 李辉：《思想政治教育价值与功能研究进展》，《思想教育研究》2014 年第 6 期。

② 张耀灿、郑永廷、刘书林等：《现代思想政治教育学》，人民出版社 2001 年版，第 87 页。

③ 张耀灿、陈万柏：《思想政治教育学原理》，高等教育出版社 2001 年版，第 50 页。

的道德、品行、知识、能力、心理素质等方面的提升，引导人们坚定正确的政治方向、规范并约束人们的思想和行为，激发人们乐观、积极、进取的精神动力等。个体的成长是整个社会进步的基础条件，人才是社会发展的关键，思想政治教育只有实现导向、育人和激励的基本功能，才能培养出符合社会要求的现代人才。

（一）人的精神需要与思想政治教育的导向功能。虽然学界对于思想政治教育功能的研究角度不同，分类标准不一样，存在分歧，但是，思想政治教育的功能是思想政治教育存在和发展的基础，也是思想政治教育本质的外在体现，对思想政治教育功能进行理性思考，也是一个很有研究价值的课题。思想政治教育的导向功能满足并指导人的精神需要的发展，在这一过程中，导向功能突出表现在：了解和把握人们的精神需要，进而满足人的合理的正当的精神需要，通过动员、宣传、教育、批评、监督等方式，协调、引导人们的思想和行为，以此调动人们的积极性，实现思想政治教育的目标。思想政治教育要着眼于“人的精神文明素质的提高”、“人的精神力量的发展”和“人的精神境界的升华”这三个方面，不断提高人的思想道德水平，增强人的创新能力。在竞争激烈、生活节奏日益加快的今天，生活在大城市中的人，精神需要得不到满足，更容易出现心理健康问题，焦虑、人格障碍、心理失衡等现象日益增多，思想政治教育更要关注人的精神需要的发展，为人的生命意义和生存动力提供坚强的价值支撑。

目前，学界关于思想政治教育功能与人的需要理论的研究已经取得了初步的成效，这为我们从人学视域中探讨思想政治教育的基本功能提供了必要的理论参考和依据。关于人的需要与思想政治教育结合起来的研究，自“以人为本”的理念提出之后逐渐增多，相关的主要研究成果集中在以下几个方面：第一，对需要理论是思想政治教育基础理论的研究。需要也是思想政治教育的动力来源，需要是思想政治教育过程中信息传递的动力基础，对于国家和社会来说，传递道德规范、政策法规、文化传统等是宏观层面的具体需要，对于个人来讲，思想政治教育满足的是人的“物质需要、情感需要、归属需要和理想需要等”①。

以往思想政治教育忽略了人的精神需要，忽视人的心理作用对思想政治教育效果的影响，一般情况下我们只把注意力集中在人们的行为表现上，而对人的需要心理的重视和研究不足，我们往往忽略了思想政治教育对人的合理需要的满足，没有认识到人的需要是思想政治教育的动力基础，所以人们在思想政治教育实践过程中，“忽视了在思想政治教育中诱发、调节和引导人们的需要，使人们的需要同教育者期望产生的行为更趋一致”②，所以，思想政治教育必须着眼于人的需要，教育者要从需要理论出发，重视、研究和满足人的需要；第二，思想政治教育在满足人的需要过程中要发挥导向作用。做好人的需要理论的研究工作是提高思想政治教育效果的前提，满足人的正当的合理的需要，引导人的精神需要的发展。有学者指出，思想政治教育一定要“重视人的物质需要，贯彻物质利益原则；还要考虑多方面的高级需要；在满足人的需要的过程中，要注意加强理性引导；要注意人的需要差异，因材施教”③。这些研究为进一步深入探讨人的精神需要和思想政治教育导向功能之间的内在关联奠定了基础，但总的来说，这方面研究还需要深化，一些关键问题也还有待解决，例如，思想政治教育的导向功能与人的精神需要是如何实现有机融合的，为什么要从人的精神需要出发以及思想政治教育的导向功能对人的精神需要满足的约束等。

人的需要理论是思想政治教育的基础理论之一。马克思和恩格斯在论述人的本质时就已经指出“需要也是人的本质力量”，《德意志

---

① 邵献平、张耀灿：《需要：思想政治教育信息传输的动力》，《理论探讨》2006 年第 4 期。

② 侯玉基：《思想政治教育要着眼于人的需要》，《毛泽东思想研究》2002 年第 3 期。

③ 田淑梅：《心理需要理论及其在我国思想政治教育工作中的应用》，《思想政治教育研究》1997 年第 3 期。

意识形态》中提出"个人总是'从自己出发的'……由于他们的需要即他们的本性……所以他们必然要发生相互关系。"① 这里所讲的人的需要，和动物的"本能需要"是完全不同的，人的劳动是有意识、有目的的，人通过劳动满足需要，同时又在劳动中积累经验，并且不断产生新的需要，发展人的新的生命活动，因此，人通过需要来表现个人的存在和发展。思想政治教育的主客体都是人，"思想政治教育从根本上说就是研究如何做人的工作"②，而精神需要作为人的需要的组成部分，在人的实践活动中占据重要地位。人的精神需要的满足，不仅涉及人的主观能动性的发挥，还要受到客观社会条件的约束。在一定的社会条件下，教育，特别是思想政治教育，更是与人的精神需要密切相关，思想政治教育成为培养塑造人的各种素质、推动人的精神发展的基本途径。

因此，思想政治教育的导向功能与人的精神需要的联系，具体表现在以下几个方面：第一，思想政治教育的人生导向功能，包括政治导向、道德导向、价值导向等多个方面。一个人要想度过有意义的人生，就必须清楚生存的意义、摆正生活的态度，即解决好世界观、人生观、幸福观等观念问题，而这些观念的树立正是思想政治教育的基本要求；第二，思想政治教育的价值导向功能，思想政治教育的目的是启发并引导人们自觉地把物质生活与精神需要的满足、个人发展与社会进步、个人成长与国家富强等统一起来，以乐观开朗的生活态度和勇往直前的精神面貌，投身到社会主义现代化建设中，实现人生的价值和生命的意义。所以，思想观念和价值取向的引导显得尤为重要。一个人的成长，如果失去正确的导向，就可能会因为个人认识的浅薄和偏差而导致行为上的失范和越轨，而思想政治教育在内容的选择和设定上，会根据社会要求和人的精神需要，制定系统的、符合个

① 《马克思恩格斯全集》第3卷，人民出版社1960年版，第514页。

② 教育部社会科学研究与思想政治工作司：《思想政治教育学原理》，高等教育出版社2005年版，第6页。

人和社会发展的道德规范和政治规范，引导人们何种行为才是正确的、合理的，使人自觉服从法律法规，严守道德底线。这种建立在自觉认识基础上的引导是一种软约束，教育的导向比强制规定更能深入人心。

导向功能在于引导并规范人的思想和行为，促进思想政治教育目标的实现，而引导和规范就是导向功能的两个侧重点。引导的基础在于尊重与信任，要点在于动之以情，晓之以理，因为尊重、理解和信任是维系教育者与受教育者情感的纽带，以情感人、以理服人是打动人、教育人的基本方法，也是做人的思想工作的最佳选择；规范的目的在于转变或者纠正人们某些不正确的思想或行为，人的思想客观上存在矛盾，例如情感和理智的矛盾、善良与邪恶的矛盾、成熟与幼稚的矛盾等等，这些思想的问题反映到行为表现中，就有可能使人的发展遇到挫折和困难，不利于人的综合素质的提高，不利于人才的培养，这些问题需要思想政治教育来解决，需要以马克思主义的人生观、世界观、价值观和政治观、道德观作为人们做人做事的思想保证和行动依据，促进人们思想水平和行为能力的提升。

（二）人格健全与思想政治教育的育人功能。思想政治教育的育人功能，是教育者通过培养、提高受教育者的思想素质、政治素质和道德品质，达到受教育者人格健全的目的。一般来说，健全人格是一种理想化的人格模式，思想政治的育人功能，就是要让一个“人”拥有更为健全的人格，拥有思考问题、判断问题和处理问题的能力。拥有健全人格的人在生活中是乐观向上的，在工作中是积极进取的，拥有健全人格的人可以使自己的人格各个方面都能得到充分的发展，在促进社会经济发展中发挥力量，对个人成长和推动社会进步具有重要的现实意义。

学界关于人格健全与思想政治教育的育人功能方面的研究不是很多，主要有以下观点：第一，人格健全是思想政治教育的育人目标之一。有学者认为，培育人们的健全人格不仅需要坚实的物质基础，更要重视思想方面的教育，需要加强马克思主义理论的思想政治教育，“培育坚定的马克思主义信念，为塑造健康人格提供强大的精神动力”[①]，有学者提出，实施人格激励是培养人们健全人格的方法，是我党思想政治工作的重要手段，“恰当运用人格激励机制是培养跨世纪接班人的重要途径和方法”[②]；第二，借鉴西方人格理论，结合思想政治教育的功能和目标，提出健全人格的基本要求。西方著名人本主义心理学家弗洛伊德的人格结构理论认为，人格是一个整体的结构，是由彼此关联并相互作用的“本我”、“自我”和“超我”这三部分组成。思想政治教育可以借鉴弗洛伊德的人格结构理论，在教育方法、观念、内容和模式的选择上创新，教育方法要从单纯的灌输教育转变为引导教育，关注人的特征，抓住人的共性和特性，注重人的个性培养和健全人格的塑造，在教育内容的选择上，拓宽思路，提高教育者与受教育者的交流和互动，即“注重人文关怀，增强青少年对思想政治教育内容的兴趣和接受性；在教育模式上，坚持思想政治教育和心理健康教育的有机结合，促进青少年的心理和谐”[③]；第三，从人格示范作用上加强思想政治教育的育人功能。有学者认为，人格是具有能动的要素，健全的人格能够产生强大的吸引力和感召力，是人人都向往的人格典范，它是智慧力量、道德力量和意志力量的有机凝聚，“若思想政治工作者人格低下，即使在显性教育中道理讲得再深刻、再透彻，也会失去说服力”[④]。

培养人的健全人格不是一朝一夕就能实现的，人格的形成受多重因素的影响。概括的讲，人格的培育首先是人的思想道德品质的提

---

① 丁科：《论邓小平思想政治教育中的人格教育思想》，《毛泽东思想研究》2012 年第 3 期。

② 刘红凛、王玉堂：《思想政治教育中的人格激励》，《理论学习》1999 年第 12 期。

③ 张良、唐志红：《人格结构理论及其在思想政治教育中的应用》，《学校党建与思想教育》2010 年第 7 期。

④ 张玉梅、李静、崔艳明：《思想政治教育育人功能的弱化与再生对策》，《学校党建与思想政治教育》2009 年第 11 期。

升，而人的思想道德品质的提升，是在一定的社会实践基础之上，通过个人主观认识和外界环境因素相互作用、相互促进、不断融合的过程，人们的道德认知、价值评判和思想境界是一个发展的过程，是从低级到高级，从未知到已知的运动，直到人的思想道德水平符合社会发展和个人发展的要求，人的思想道德品质才会达到一个相对稳定的阶段。健全人格的塑造也是在人的思想道德培育中进行的，思想、政治、道德素质是人格素质的主要内容，而在人格的塑造过程中思想道德教育又是核心。

因此，人的思想道德的培育过程也就是人格塑造的过程，或者说思想政治教育的育人功能也是在培养、塑造人的健全人格。一般来说，人格的健全是自教、他教和环境影响三方面作用的结果，是人的思想观念、道德品质、认知能力、心理素质等诸因素不断完善的综合体现。有学者认为，人格的完善，大致要经历五个不同发展水平的阶段，即“无意识地将某种行为作用于某种情境——将自己认为必须而正确的动机和行为作用于相应的情境——能在相同情境中坚持相应的动机和行为——能在不同的情境中仍旧可以坚持相应的动机和行为——能在任何情境下都能保持动机和行为倾向的一致性”①，经过这五个阶段的发展，健全的人格才能形成。这一人格塑造规律，对我们研究思想政治教育如何培养人的健全人格，具有一定的借鉴意义。

育人功能，在于把社会主义的理想和道德沁入人们的内心，向人们的思想中注入一定的理想、道德、责任、情感等利于人的发展的高尚品质。因此，育人功能的定位是为了促进人的思想和精神方面的全面发展，思想层面的提升是现代社会人才培养的关键，现代社会所需要的人才是个体发展与社会发展能够相互协调的优秀的人，是单个人把个体的自主能力、创新能力融入社会发展中，既追求了人的独立人

① 王礼湛：《思想政治教育学》，浙江大学出版社 1999 年版，第 143 页。

格与个性发展的实现，又能发挥个体在社会进步中的重要作用，承担一定的社会责任和社会义务，实现人的个性与社会性的有机结合，既改造了社会环境，又完善自身，追求人与人、人与社会的和谐发展。如前所述，培养健全人格是思想政治教育的根本目标之一，也是思想政治教育育人功能的重要内容。

我们应该学习和借鉴西方人格理论，深入挖掘中国传统教育思想，以马克思主义为指导，针对不同年龄段、不同职业、不同文化层次的受教育者的思想行为特征，采取有针对性的措施和方法，把握思想政治教育的主动权，培养人们健全的人格，使得每一个人都能成为“真正普遍的个人”，成为对他人、国家、社会有用的人，成为一个“全面发展的人”，从而提高整体国民的人格素质，适应并推动社会主义市场经济和现代化建设。

（三）人的价值与思想政治教育的激励功能。所谓思想政治教育的激励功能，是指教育者通过多种手段和方法，充分调动受教育者的积极性和创造性，激发人们学习、生活和工作的热情，投身社会主义现代化建设事业中。思想政治教育活动能够满足人的精神需要，激发人的主动精神，创造实现人的价值的条件，调动他们的积极性，实现既定教育目标。而人的价值要通过个人和社会两方面以及它们相互间的关系来看待，人的价值包含两个方面的内容，即社会对个人的满足和个人对社会的义务。

学界关于人的价值与思想政治教育激励功能的研究成果很多，成果大都集中在已经发表的学术论文中，还没有相应的专著出现，主要研究集中在以下几个方面：第一，思想政治教育的价值目标是实现人的价值，因此要从“现实的人”出发。思想政治教育的对象是人，是做人的思想政治工作，因此要从关心人、尊重人、理解人、信任人、培养人的角度出发，确定思想政治教育的基本价值观，即“培养人的独立个性和创造精神，通过提高人的自身素质，去促进人的发展，通过人的发展去促成社会进步”①。也有学者认为教育的本质在于通过知识的传递，来激发、引导和调整人的发展活动，即“促使受教育者从无知转化为有知，从知之不多转化为知之较多，从不会做转化为会做，从没有某种道德品质转化为具备某种道德品质”②，思想政治教育要解决的基本矛盾，是受教育者个人与社会之间的矛盾，即通过思想政治教育的激励功能，激发、引导和调节人的心理状态，促使受教育者接受新的知识和良好的道德规范，使知识转化为受教育者的能力，使道德规范内化为受教育者的个人品质，最终实现人的全面发展的根本目标；第二，思想政治教育的职能之一是通过激励手段，激发人的潜能，有学者提出思想政治教育的职能是依据教育目标来确定的，因此要“正确运用激励手段，最大限度地发挥人的积极性、主动性和创造性，实现思想政治教育者所运筹的目标”③；第三，激励功能是思想政治教育实现人的价值的最本质的功能之一，激励是从人的需要出发，是推动人们创新发展的手段，是最直接、最有效的方法，有学者认为思想政治教育的激励功能“蕴含在具体的激励方式之中，通过信仰、理想、道德、奖惩、榜样、情感及艺术激励等推动人的价值的实现”④。

人的价值同物的价值的差别在于，物的价值是相对于主体而言，而人不是绝对的主体或客体，人既是主体，同时在特定关系中又表现为客体。人的价值包含两个层面：第一，人是社会的人，人具有社会价值。人作为主体，作为一个社会人，他的社会价值是指个人对他人和社会的生产和生活做了多大的贡献，有没有为社会付出劳动，作出贡献的人，他的人生是有缺憾的，是没有人生价值的；第二，人具有自我价值。人的自我价值包括一个人应当享有生存和发展的权利，如

① 项久雨：《思想政治教育价值与人的价值》，《教学与研究》2002 年第 12 期。

② 李祖超：《教育激励刍议》，《中国教育学刊》2003 年第 5 期。

③ 江滨：《把握思想政治教育中激励人的最佳时机》，《思想政治教育研究》2008 年第 2 期。

④ 申来津：《思想政治教育的激励功能》，《理论月刊》2002 年第 2 期。

生存权、受教育权等，同时还包括人应该享有的尊严、个性、自由等，人的自我价值是针对个人的生存和发展而言，对个人自我价值的忽视和否定，不符合人的自由全面发展的要求，或者说“无视这一切就是对人的价值的漠视，是非人道和反人性的……人的才能的充分自由全面的发展是人的主体价值的最高表现”①。所以说，人的价值是贡献与索取的统一。

从另一个方面来看，贡献与索取的关系实质上也反映了人的社会价值与自我价值之间的关系，二者是辩证统一的。考察人的价值，就不能将社会价值和自我价值割裂开来，看不到社会价值和自我价值的辩证关系，只强调个人对社会的贡献，不讲社会对个人的尊重和关怀，人的积极主动性就无法调动。只有在充分尊重人的自我价值实现，在贡献和索取的平等基础上，个人对社会贡献越多，人的价值才会越大。片面强调人的贡献，既不利于社会进步，也不利于个人的发展。随着社会的发展，人民生活水平的提高，追求正当的个人利益，追求合理的物质和精神享受，不再是庸俗价值观的体现。恩格斯曾指出“就单个人来说，他的行动的一切动力，都一定要通过他的头脑，一定要转变为他的意志的动机，才能使他行动起来”②。心理学上认为，人的积极性的发挥需要外界条件的刺激，而思想政治教育的激励功能就是把人们的内在积极性激发、释放出来，使个人获得精神的力量、前进的动力和发展的方向。因此，思想政治教育的激励功能，就是让人们正确意识到个人存在的意义和价值，进而提高人的思想觉悟、道德觉悟和政治觉悟，发展人的“对象意识”（即个人对他人和社会的看法）和“自我意识”（个人对自己的认识），使人形成良好的道德修养。如何实现人的价值，思想政治教育的激励作用主要表现在两个方面：第一，激励人们追逐梦想。理想越高远，人们追求梦想的欲望越强，人们学习和工作的热情也就越高涨，“一个人对人生、

---

① 冯文全：《从人的价值角度审视德育的价值》，《高等教育研究》2005 年第 10 期。

② 《马克思恩格斯选集》第 4 卷，人民出版社 1995 年版，第 251 页。

对社会生活的态度，或是积极，或是消极，完全取决于他的理想和信念的架构状态”①；第二，增强信心和勇气。人们通过学习知识、接受教育、付出艰苦的劳动，才能冲破狭隘自我的束缚，才能拓宽道路，坚定信念。

激励功能，就是通过鼓舞和奖励的手段，提高人们的进取精神，调动人们积极投身于社会主义现代化建设的伟大事业当中。恩格斯认为“就单个人来讲，他的行动的一切动力，都一定会经过他的头脑，一定通过转变为他的意志的动机，才能使他行动起来”②。首先，人的行为受思想指导，准确来说是受动机的支配，我们人才培养的目的在于为社会主义建设服务，这就需要思想政治教育为人才培养提供思想上的保障，激发人们形成积极投身社会主义事业的良好动机，这是思想政治教育激励功能的出发点；其次，动机的形成与需要之间联系紧密，需要层次越高，动机的指向也就越高，因此思想政治教育的激励功能的重点就在于保持人们持久的积极的动机，借鉴马斯洛的需求说，我们可以促使人的需要的满足，从基本的、生存的需要向荣誉的、归属的、发展的需要方向提升，目前社会主义核心价值观的建立就有利于人们的需要向更高层次递进，有利于人们形成持久的积极的动机；最后，思想政治教育的激励功能讲究教育的艺术，可以利用多种方法和手段，提高思想政治教育过程的魅力，借助关怀、表扬、奖励、鼓舞等措施根据人的不同特点和教育环境的条件有针对性地激发受教育者的积极性、能动性和创造性。

法国空想社会主义代表人物圣西门曾经就人才培养的重要性做了一个深刻的比喻，他提出人才是国家和民族的脊梁，是社会发展的灵魂所在，任何一个国家都不能忽视对人才的培养。这样的见解在现代社会的建设中显得尤为重要，现代社会的发展，不仅仅是经济社会的

---

① 王联斌:《德育首位论》,《南京政治学院学报》2001 年第 2 期。

② 《马克思恩格斯文集》第 4 卷，人民出版社 2009 年版，第 306 页。

进步，更重要的是文化、思想和政治的进步，这就需要社会从文化观念、思想认识以及政治体制等方面向更高层次发生转变，社会的现代化归根到底还是人的现代化，改革成功与否需要我们共同努力，国家和社会的未来需要人才的投入与支持。

第六章 人学视域中思想政治教育问题的对策分析

前文详细论述了我们在教育实践活动中存在的突出问题，并以马克思主义人学为基础提供了人性化要求下解决现实问题的基本思路。通过人学基础理论的指导，我们可以从理念、原则、方法、环境和机制等方面在人性化的要求下做出一些补充和完善，提出对策，推动现实问题的解决。

第一节 坚守思想政治教育的人学理念

所谓理念，就是人们关于事物或者问题的看法，是经过生活积累或者总结，能够在无形中指导人们行为和实践的思想认识。而思想政治教育理念，是教育者在教育过程中形成的，关于如何开展教育活动，如何提高受教育者的政治思想水平等教育基本问题的认识。理念的创新是我们教育思想实现创新发展的核心，我们的教育理念必须符合时代的基本要求，符合教育的根本目的，符合人的发展规律，因此，坚守以人为本理念和素质教育理念是马克思主义人学理论指导下，对教育基本理念的补充和发展。坚持以人为本和坚持素质教育，体现了思想政治教育重视人文关怀，肯定人的个性、尊严、发展以及价值实现的需要，是对人的尊重、理解和关爱。

一　以人为本理念

对于思想政治教育以人为本理念内涵的把握，需要从以下两个方面进行：第一，是对概念中的“人”的基本涵义的理解和把握。哲学意义上的“人”与“物”相对，在西方早期的人本主义思想中，“人本”是相对于“神本”思想提出的，目的就是主张人性的张扬，反对神性的压迫，中国古代人本思想则是强调“人”的地位和作用大于“物”，提出了“天生万物，唯人为贵”的主张，人本思想在社会历史发展中占据了重要地位，到了现代社会，人本思想主要针对的就是以“物”为本思想而提出的发展观；第二，就是对“本”的概念的理解。哲学本体论意义上的“本”通常指万物的本源或者说事物的根本，目前学术界关于思想政治教育要“以教育者为本”或者“以受教育者为本”等观点，都是从教育的根本意义上来使用的，此外，我们对于以人为本中“本”的理解不能仅仅从哲学本体论中考虑，还要从哲学价值论的概念中把握。因此，以人为本的科学内涵就是要把人作为教育的出发点和核心，围绕着如何调动和提高人的积极性、主动性和创造性，促进人的政治思想、道德水平、综合素质等方面的提高，以培养人的健全人格，实现人的全面发展为目标。所以，思想政治教育以人为本理念是一种主体性理念，人作为发展的第一要素和核心要素，始终处于实践活动的主体性地位；它也是一种价值性理念，教育的目的就是培养人、塑造人、激励人和发展人，教育活动的安排要满足人的需要，方式方法的选择要把握规律，符合人性发展的基本要求。

思想政治教育坚守以人为本理念，是在社会转型和生存论哲学转向的背景下思想政治教育理念的创新与发展。现代社会，人的需求以及个性特征随着我们生活环境的多样性发展而发生改变，而思想的产生和发展过程也因此而呈现多样化的趋势，因此，思想政治教育必须坚守以人为本理念，向尊重人、理解人的人本位转变，以对人的深刻理解和研究为基础，提升人的地位、发现人的价值、发展人的个性，提高人的政治素质和道德情操，帮助人们形成符合一定规范和要求的道德和政治素养，引导个人向符合社会发展、符合人的全面发展的方向前进，实现人的发展与社会进步的统一，进一步促进我国社会主义现代化建设。

思想政治教育坚守以人为本的理念，符合当下时代发展的趋势，也是思想政治教育现代转型的基本要求。以人为本的理念实质上是实现“人性化”、“满足人的需要”、“人成为人”的思想基础，思想政治教育的发展经历了从强调客体因素转向重视主体因素的过程，认识到思想政治教育过程中的人“不是出在虚幻的离群索居和固定不变状态中的人，而是出于现实的、可以通过经验观察到的、在一定条件下进行的发展过程中的人”①。思想政治教育坚守以人为本的理念就是要求教育过程要以现实的人为出发点，关注人的需要、人的价值、人的个性、人的发展，在认识人、理解人、尊重人和激励人的基础上，最大限度地激发人的潜能，塑造人格健全、道德高尚和政治过硬的人，实现“人终于成为自己与社会结合的主人，从而也就成为自然界的主人，成为自身的主人——自由的人”②。

思想政治教育是一项政治性的社会实践活动，承担了一定的政治任务和历史使命。思想政治教育坚守以人为本的理念，不仅使教育实践活动贴近人的生活，能够更好地在人民群众中开展宣传、组织、引导和激励，而且进一步强化了它的目标指向，实现了人的工具价值和目的价值的高度统一，个人发展目标与社会发展目标的辩证统一。思想政治教育坚守以人为本的理念也完全契合了毛泽东同志强调的“一切为了群众，为了群众的一切”的思想政治原则，要实现这一目标需要达到以下两点基本要求：（1）教育者要以尊重、平等的态度对待受教育者，注重思想政治教育的人性化。现代教育理念认为，教育的目

---

① 《马克思恩格斯文集》第 1 卷，人民出版社 2009 年版，第 525 页。

② 《马克思恩格斯文集》第 3 卷，人民出版社 2009 年版，第 566 页。

的不是管制和约束，而是要激发人的潜力，达到人的自我学习、自我教育和自我实现的目的，思想政治教育要在知识上引导人、帮助人，在情感上关心人、尊重人，使教育过程人性化，引起受教育者的共鸣，提高受教育者的兴趣。（2）我们的目标是促进个体和社会的共同发展。所谓共同发展不仅仅是个体的独立发展，也不是个体的随便发展，而是自我价值和社会价值的结合。思想政治教育坚守以人为本的理念，实质上就是要把人的自我发展融入社会发展中，尊重和关注人的个性化、多样化发展的需要，同时兼顾社会进步的需要。我们的生存离不开周围的环境，我们的价值实现只有放在社会大环境中才有意义，思想政治教育要善于发现、培养并促进人的优势个性和潜能的发挥，尊重和发展每个人的合理的、正当的思想政治道德诉求，才能真正做到自我发展与社会发展、自我价值与社会价值的有机统一。

二　素质教育理念

素质教育理念，就是要把培养人的全面素质作为思想政治教育的基本目标和基本任务，不但要全面培养人的理论、政治、思想、道德、心理素质诸多素质，而且要全面提高人的文化水平、科学素养以及健康素质；不仅要增长人的多方面知识，而且要发展人的多方面能力；不仅要传授“何以为生”的知识，而且要进行“为何而生”的教育。这样的教育，才是符合培养社会主义建设者和接班人要求的，也才是符合人的全面发展要求的。

紧扣时代精神，强化思想引领，把立德树人的根本任务落到实处。教育的根本在于促进人的思想和道德的提升，道德的成长是个人成才的首要条件，我们一直都非常重视德育的基础作用，强调要通过入脑入心的思想政治教育，将中国梦作为所有中国人的共同时代理想，将社会主义核心价值观作为我们的价值取向标准，此外我们同样需要从历史悠久的传统文化中挖掘优秀资源，引导人们在实现中华民族伟大复兴的实践道路上努力奋斗，帮助人们树立以天下为己任的人民情怀和“勤学、修德、明辨、笃实”的价值追求。

我们可以认为，思想政治教育未来发展的方向，就是要把培养“单向度的人”的目标转变为塑造全面发展的人的目标，有学者指出“工具理性将思想政治教育的价值表现在为阶级、国家和社会培养符合要求的公民……而价值理性则指向思想政治教育活动和思想政治教育主体本身……价值理性以人的发展为目的，同时在教育过程中完成客体精神质量的批判与建构，从而真正实现人的本质”①。无论是工具理性主导还是价值理性占据主导地位，我们需要明确的是坚持素质教育的理念不能改变，要以培养人的全面素质作为实现人的全面发展的基础，要以包容的态度，批判的眼光，扬弃各自理性的片面，走向融合，实现个人与社会的统一，在人的发展与社会进步之间寻找新的平衡。

随着国际上经济全球化和政治多极化的不断发展、现代科学技术的突飞猛进、各种文化的激烈碰撞，国内的环境也发生了很大变化，小康社会的建设进入关键时期，我国社会结构、经济成分、利益关系、分配方式日益多样化，社会思想文化的多元化日益凸显，人们的接受能力和选择能力日渐增强，人们的思维方式和个性也是呈现多样化的特点，这些变化使得我们所面对的形势更加复杂、任务更加艰巨。而理念作为对社会现实的反映，随着社会生态环境的变化，如果没有做出相应的调整，没有改变不合时宜的教育理念，未能适应新的形势、新的要求，不能突出体现社会主义本质要求，势必会阻碍思想政治教育的发展。素质教育的理念主张培养人的综合素质和创新能力，同时也强调培养人的社会责任感和良好的思想道德品质。这里特别要强调思想道德方面的教育与科学文化方面的教育相结合的必要性。它们作为精神文明的两个基本方面，存在着不可分割的联系，互为前提，互相促进。人的思想道德认知水平和判断选择能力的提高，

① 项久雨：《论思想政治教育的价值理性》，《武汉大学学报》（社会科学版）2014 年第 11 期。

不能单兵独进，有赖于整体认识水平和能力的提高，也就是说离不开科学文化教育的整体推进。这在知识经济时代的社会中，更是如此。另一方面，撇开政治方向不提，忽视思想道德的“唯科学主义”、“科学技术决定论”思潮，也是完全错误的，这样培养出来的人，只能是一些没有政治头脑、缺乏独立性和创造性的类机器人。近些年来，素质教育口号喊得很响，但依然没有真正落实，同时又出现了“泛素质教育”的现象，在这种情况下，强调在教育中，包括在思想政治教育中，树立全面的素质教育理念，就显得更为重要而迫切了。

因此，思想政治教育坚持素质教育的理念是符合时代和社会发展的需要，而作为主阵地的学校思想政治教育可以通过以下几个方面来贯彻实施：

1. 着眼于学生的发展需要，思想政治教育不仅要注重学生的政治素养的培育，同时也要关注学生的思想品质和人格素质的塑造，帮助学生尤其是青年大学生形成积极的人生观、价值观和世界观；

2. 注重强化学生的实践能力，思想政治教育要将理论与实践相结合，通过社会实践、志愿服务、公益活动等方式，让学生在实践中锤炼自己的思想品质，增强自己的社会责任感；

3. 培养学生的创新精神，思想政治教育要注重培养学生的创新精神和创造能力，引导学生发现问题、解决问题、创新思维，培养他们具有开拓进取、勇于探索的品质；

4. 倡导民主与平等的思想，让学生认识到每个人都应该受到尊重和平等对待，学会倾听他人的声音，表达自己的观点。

第二节　坚持思想政治教育的人学原则

思想政治教育本身是一项具有阶级性和意识形态性的教育实践活动，那么它自然需要体现出较强的原则性要求。思想政治教育的原则对于整个实践过程起着主导和指导的作用，这些原则一定要符合辩证唯物主义和历史唯物主义的原理。但是思想政治教育的原则也不是一成不变的，随着社会的发展、环境的变化，思想政治教育坚持的原则也要与时俱进，需要做出相应的调整。

一　交往对话原则

交往理论使指对人类社会中人与人之间互动、交流和关系形成的规律和过程进行系统分析和研究的理论。

它主要包括以下几个方面：

1. 社交心理学理论，研究人际交往的心理机制，包括情感、态度、信念、价值观等，以及它们如何影响人际关系；

2. 互动途径理论，研究人与人之间的交往方式和途径，包括言语、非言语、姿态、面部表情等，以及它们的表达和接受；

3. 社会认知理论，研究人际关系中人们如何对他人进行认知，包括自我概念、他人概念、印象形成和认知错误等；

4. 社会交换理论，研究人与人之间的交换行为，包括物质和非物质方面的交换，以及交换行为对人际关系的影响；

5. 社会影响理论，研究人与人之间的影响和影响力，包括权威、信任、社会比较和社会支持等；

6. 交际规则理论，研究人际交往中的交际规则和交际策略，以及如何运用这些规则和策略来改善人际关系；

7. 社会网络理论，研究人与人之间的社会关系和网络结构，以及这些关系和结构对人际交往和社会的影响。

这些交往理论可以帮助人们更深入地理解人际交往中的各种因素和机制，进而更好地应对各种交往问题，同时，这些理论也为社会科学研究提供了重要的理论框架和研究方法。

以“交往理论”审视思想政治教育过程中教育者与受教育者之间的关系，是近些年来思想政治教育研究的一个新的视界，也是一种基于主体间性理论考察思想政治教育活动的新的方法。而对话则是日常生活中一种常见的语言现象，按照《现代汉语词典》中关于“对话”的解释，对话是“两个人或更多的人之间的谈话；两方或几方之间的接触或谈判”①。因此，“对话”是双方或者多方，从各自的理解和认识出发，以语言、符号为中介，通过交往、沟通进行知识、情感、观念、信息的交流以促进双方或者多方在同一问题上达成共识，从而促使各方面得以发展的过程或活动。

通常意义上我们可以将对话简单理解为与单个人独白相对应的一种言说方式。所谓独白就是没有他人参与，只有自己在讲在说的谈话方式，而对话则是有他人参与，由两人或多人构成的关于某一话题而进行的讨论或者交流。对话的双方或者多方，往往从自身利益出发，以平等、互动的方式进行沟通，可以倾听、反驳和辩解，在协调和争论中达成对某一话题或者焦点的统一认识，当然对话不仅仅是语言的交流，不局限于面对面地讨论，它的重点在于认知方面的相互沟通，目的在于排除分歧走向共识。因此，对话最广泛的含义是一种“对话意识”（或对话精神）。无论是狭义还是广义的理解，对话发生的前提是以“交往”为基础，以承认对方在交往中的地位为条件，以相互平等的身份开展沟通和交流。思想政治教育过程中的对话，就是教育者与受教育者之间的对话，用马丁·布伯（Martin Buber）的话说就是教育者和受教育者是“我一你”的关系，这里的“我一你”不仅仅是分析与被分析、教育与被教育的关系，更重要的是对话双方要相互提问又互相应答，是互为依存的关系。

思想政治教育的目的是培养人和塑造人，帮助人们形成符合社会规范和要求的思想政治素质和道德观念，培养人和塑造人的过程离不开教育者与受教育者之间的对话，对话是思想政治教育实践活动最基本也是最主要的交流方式。基于平等地位的对话，才能让受教育者从内心真正接受教育，进而完善个人思想政治素质和道德品质。

① 中国社会科学院语言研究所词典编辑室：《现代汉语词典》，商务印书馆出版2001年版，第318页。

坚持交往对话，被古今中外很多思想家和教育家看作教育活动的基本原则，孔子把“中庸”看作美德，视其为人与人交往的理性境界，子思则把中庸思想加以详细论证，在《中庸》中提出“诚”的范畴，并把它作为人与人交往的规范原则，古希腊的苏格拉底曾采用“问答法”来传授“道德”的思想，英国的戴维·伯姆在《论对话》中阐述了对话思想的价值所在，他从隐藏在对话背后人的思维入手，揭示对话的本质，试图利用对话来解决“技术理性”统治下人类的沟通难题。因此，对话的过程本质上也是塑造并培养人的思想、道德的过程，人在精神生活中对“真、善、美”等的追求在对话里得以实现，思想政治教育过程中的对话就是教育者与受教育者双方情感、道德、知识和素养的对话，是丰富并完善人的精神生活的基础，是对双方所使用的“交流方式的适应过程”①。

思想政治教育坚持交往对话原则的基本要求包括以下三个方面的内容：第一，即坚持对话的平等性。坚持平等性是促进教育者与受教育者的互动，避免一方在教育过程中出现强势地位，给对方在心理上造成压力，产生抵触和排斥的情绪；第二，坚持对话的民主性，民主性要求双方坦诚相待，能够积极主动地分享、交流和反馈，交往是一面铜镜，人能够从他人身上看到自己的影子，也能从自己身上发现别人的存在，对话过程的民主性，使教育者认识到自身承担的使命和肩负的责任，使受教育者成为教育活动的参与者、经历者和体验者，并且能够主动实施自我教育。“真正的对话，是一种民主的意识，是一种致力于和睦相处和共同创造的精神意识，这是一种对话意识”②。这就要求教育者要创造民主的、宽松的教育氛围，在这种氛围中受教育者敢于并且乐于发表他们的看法和建议，能够同教育者进行理性地交流和沟通，任何人都不能剥夺其讨论和批判的权力，教育者是教育活动的“引导者”和“主导者”，但不是“话语的霸权者”；第三，坚

① 陈华兴：《教化和教化哲学》，《复旦学报》1994 年第 6 期。

② 滕守尧：《文化的边缘》，作家出版社 1997 年版，第 177 页。

持对话的艺术性。所谓对话的艺术性指的就是谈话的艺术，生硬的、粗鲁的交流方式不利于人们的沟通，而富有特点和魅力的对话，不仅仅是内容的丰富，不仅涉及政治、道德、心理等人的精神生活的多个方面，而且对话采取多种多样的沟通方式，例如理论传授、情感交流、社会实践等多种思想政治教育的方法和手段，不单单限于面对面的交流，还应该化为实际的行动，使思想政治教育在感性的交往行动中体现对话的精神。

二 疏导结合原则

疏导有两重含义，第一，是指疏通，使之流畅；第二是指开导、打通人的思想。“疏导结合原则”是思想政治教育坚持的基本原则之一，是思想政治教育积极引导、广开言路，通过说服、帮助、表扬、鼓励、批评、纠正等方法，开展社会主义思想品德和政治道德教育，剔除错误的、落后的、偏激的思想和言论，借鉴积极的、有利的、正确的思想认识。“疏”与“导”是辩证统一的关系，“疏”即疏通，“导”即引导，两者缺一不可，相互促进相互影响，注重疏通不注意引导，会造成错误的言论和思想放任自流，危害社会主义思想品德和政治道德的教育；只引导不疏通，无法真正解决受教育者的思想困惑和难题。坚持疏导结合是思想政治教育的基本原则之一，也是马克思主义人学的基本要求，符合人们思想形成发展的规律，是正确处理人民内部矛盾的基本依据。

坚持疏导结合原则，就是要充分发扬民主，让受教育者愿意并且乐于发表意见，把对问题的看法和认识分享给大家，教育者要注意抛砖引玉，在弄清事实情况的前提下，鼓励并支持正确的、合理的建议，分析和批评错误的思想认识，通过解释、说理、讨论，帮助受教育者分清是非、善恶、荣辱，把认识引导到正确的轨道上来。

疏导结合原则有两个基本要求：第一，是根据受教育者认识水平、接受能力和思想状况分而导之。根据受教育者的实际情况采取不同的方法，例如针对人们接受教育能力的不同进行分类，然后选择具有针对性的措施；按照人们思想问题形成的过程进行有步骤有计划的疏导。一般情况下我们会针对某个人的思想问题，按照问题的轻重缓急，剖析其产生的原因，有步骤地加以教育疏导。一个人思想问题的形成，是由许多矛盾互相影响，众多主观和客观因素交汇在一起相互作用的结果，思想政治教育在解决人的思想问题的过程中，要分清主次，抓住事物的主要矛盾，找准思想方面的核心问题，才能有针对性地解决，教育者需要引导受教育者发泄个人的负面情绪，逐步解决其思想的困惑和疑虑，不能仓促下结论，以偏概全；第二，是重视教育的启发和导向作用。坚持疏导结合原则的目的就是通过教育者的引导，使受教育者能够主动、积极、自觉地提高思想认识。启发和导向是使教育者变被动为主动，通过一定的方式调动人们的兴趣和注意力，无形中就提高了人们的自觉性和积极性。因此，教育过程的关键在于提出问题，思想政治教育要启发人们学会寻找问题，掌握分析问题的能力，在引导人们解决问题的过程中，可以通过正面说服，用“摆事实讲道理”的办法帮助人们明辨是非，认识到其错误思想或者行为的危害性，并且借助发生在人们日常生活中的好人好事等典型案例，激励人们向榜样和模范学习，自觉遵守公共道德和社会秩序。

三　渗透感化原则

渗透感化原则的基本涵义同样包括两方面的内容，一是采取潜移默化的方式开展思想政治教育，把教育活动融入人们的日常生活当中；二是强调教育不但要以理服人，而且要以情感人，理情结合。因此，坚持渗透感化原则，就是要求教育者带着深厚的感情、信任的态度，尊重人、关心人、理解人、帮助人，在解决思想认识问题的同时，尽力帮助解决实际困难和问题，使受教育者从教育工作中感受到党和政府的温暖和组织的关怀体贴，能够愉快地、诚心地接受来自教育者的帮助。

渗透感化原则的关键，就在于营造一定的情景或环境，通过影响、熏陶和感染等方式，让人们在无意识的情况下，自觉接受教育。渗透感化原则的确立，基于心理学和行为学的认识，因为渗透感化的特点在于“寓理于情”，是一种隐性教育和正面教育相结合的教育方法，这种教育方法适用于所有教育对象，对于青年群体来说，教育效果更为突出，它能够引起大家的共鸣，增强教育内容的亲和度和接受度，激发人们乐于学习、积极进取的情绪，进而保持教育系统的开放状态，使广大人民群众在无形中接受教育者传导的思想观念和行为规范。习近平总书记在 2019 年 3 月 18 日召开的学校思想政治理论课教师座谈会上，强调思政课教师要“会讲故事、讲好故事十分重要。”从本质上来说，讲故事也是采取渗透感化的教育方式，是教师与学生的一种课堂交往活动，在讲好故事的过程中，教师要考虑学生的接受程度，了解学生的需求和目标，才能激发学生情感的共鸣，讲故事既是新时代思想政治教育以情感人，增强教师授课的吸引力，也是在故事的讲授中把历史与现实贯通，把理论和生活结合，用理性知识、鲜活的事例，贴近学生的需求和兴趣点，使学生在故事与案例中深刻领会“是什么”和“为什么”，“知其然”更“知其所以然”和“知其所以必然”，真正将思政课的道理内化于心、外化于行。

坚持渗透感化原则，可以使丰富多彩的教育内容通过灵活多变的活动方式，影响人们的心理变化。一般情况下，教育可以通过艺术作品、集体活动和形象感染等方式进行渗透感化，其中集体活动是提高思想政治教育效果的最有效方式，集体活动可以利用人群的交叉感染效应，使受到教育感化的个体之间相互作用、相互影响，在人们的日常生活中这种交叉感染效应是普遍存在的，一个人如果周围充满正能量，身边的人都以乐观向上的态度对待生活，那么他肯定也会感到内心愉悦，精力充沛，生活充满阳光；相反生活在态度消极、沉闷乏味的环境中，人就会感到萎靡不振，心情压抑。思想政治教育者要身体力行自己所宣传的先进思想道德，把言教和身教结合起来，用自己真学、真信、真用的实际行动来感化带动群众。

第三节　改善思想政治教育的育人环境

思想政治教育环境方面的问题已经引起人们的广泛关注，从生态学的角度分析思想政治教育育人环境的改善，以马克思主义人学理论为指导，为改善我们的思想政治教育育人环境开辟了一个新的视角，通过构建稳定的舆论传播环境，优化平等的交流交往环境，完善高效的社会治理环境，为我们提供了一个可持续发展的生态环境，能够最大限度地发挥思想政治教育的育人功能。

一　构建稳定的舆论传播环境

改革开放四十多年来，思想政治教育的外部环境发生了显著变化，国际经济政治的新形势对国内社会产生了巨大影响，改革开放带来了社会结构的分层加剧，人们的价值观念也发生了改变，思想政治教育的外部环境愈来愈复杂。就当前的情况而言，外部环境的变化对思想政治教育提出了新的挑战，如何在新的形势下提高教育自身的影响力和号召力，需要我们把握外部环境变化发展的规律，才能为自身的进步打下基础，具体可以从以下多个方面进行：第一，国内外经济环境方面，我们应该关注社会主义市场经济，重视经济社会的发展引起教育者和受教育者思想方面发生了怎么样的改变；第二，国内外政治环境方面，我们要重视近些年国际政治局势的变化，特别是要防范和打击国外敌对势力对我们的渗透，研究普世价值对思想政治教育的影响，保持意识形态领域的稳定；第三，国内外文化环境方面，随着经济全球化的发展，中西方在文化领域的交流日益频繁，我们要慎重对待以美国为代表的西方文化对中国传统文化的冲击，加强以核心价值观为基础的社会主义文化的影响力；第四，网络环境方面，移动互联网的快速发展改变人们的日常生活，自媒体的普及使信息的传递呈现“爆炸式传播”，我们要重视移动互联网时代网络环境的变化对思想政治教育的影响；第五，社区环境方面，我们应该关注各类不同社区的特点，加强社会文化建设，提高思想政治教育的感染力；第六，家庭环境方面，要重点研究“三口之家”和“人口老龄化”带来的影响。

人创造了环境，环境同样也影响人的发展，和谐稳定的外部环境能够保障思想政治教育效果，能够在潜移默化中感染人、教育人，使人在不知不觉中受到教育和熏陶。而外部环境作用的发挥，社会舆论的引导至关重要，尤其是在自媒体平台已经成为思想政治教育重要载体的背景下，借助网络引导社会舆论，传播正能量，已经成为改善思想政治教育外部环境的重要手段。在这个人人都能发声，人人都能上热搜的时代，社会舆论自身也具有了新的特征和规律，公众获得了更多的话语构建和参与的机会，人们有意识或无意识地参与到社会舆论当中，成为舆论传播的一部分，“人们不仅在‘消费’新闻，同时也在主动寻找正在发生的新闻”（杰伊·罗森，2003）。如今舆论传播更为迅速，公众表达更为充分。首先，针对任何可以曝光、需要抨击的行为或事件，普通大众都可以随时发表意见，尤其是自媒体发布舆论摆脱了空间和时间的限制，没有了传统媒体发布信息必经的“审稿”程序，显得更为快捷有效。其次，自媒体的普及和应用打破了传统媒体垄断信息的格局，实现了真正意义上的大众传播。传统媒体的信息发布需要准确的事实陈述、严密的逻辑推理和理性的分析判断，而自媒体简单的记录方式降低了舆论传播的门槛，它所表现出的平民化特征让每一个人都有发表意见的权利，既满足了个人意见表达和沟通交流的需要，又使舆论传播变得简单而普遍。自媒体能够在网络反腐、推进社会主义民主政治建设中发挥积极作用，同时也有具有非理性等负面效应。所以，实现自媒体时代社会舆论的规范化管理，创新社会舆论监督管理的实践路径，既是发挥舆论引导作用的必然选择，也是改善思想政治教育外部环境的重要手段，我们可以从以下三个方面入手。

（一）加强自媒体平台的管制。管制不是为了限制自由，而是为了保障自由。孟德斯鸠说过，“自由是做法律所许可的一切事情的权利。如果一个公民能够做法律所禁止的事情，他就不再自由了，因为其他人也同样会有这个权利。”因此，“自由不是‘人人都可以为所欲为’”，这也是没有规矩不成方圆的道理。对自媒体进行规范和管控，目的在于保障公众言论自由这一基本权利的有效实施，管制的目标是保护表达自由的权力，而不是限制表达自由，管制非但不是自由的障碍，还是保证自由的必要手段。例如，美国是国际上最早通过制定和完善法律法规，成立网络管理协调中心等手段，打击通过互联网传播不良信息，进行违法犯罪行为的国家。过度自由的言论会形成“网络暴力”，不负责任、不计后果的言论发布会使人们拥有的言论自由被绑架、被异化，而推行网络实名制，制定相关法律法规，严格追究法律责任，强化自媒体或者网络行业自律公约的功能，则是加强监管的必要手段。当媒体的监管达到规范有序的时候，社会形成一个良性的约束环境，自媒体成为提升公众媒介素养和道德品性的平台，理性表达才能成为社会舆论的主流。

（二）掌控思想政治教育的网络传播话语权。自媒体与传统主流新闻媒体相比，在信息的发布、传播方面更加自主、时效性更强，尤其是一些重大危机事件发生时，传统主流媒体可能会因为审查等原因无法第一时间满足危机状态中公众对事件真相了解的强烈需求，而自媒体突破了传统媒体监管的限制，无需相关部门审批，能以最快的速度发布信息，更容易获得网络舆论的优先话语权。

自媒体给予普通民众话语权利，使得人人都获得与主流媒体同样重要的话语权，这种话语表达权力是推动社会民主化进程的重要力量，实现“把权力关进制度的笼子”的重要利器，利于民主社会的形成和法治社会的建设。自媒体的网络传播话语权虽然不具有传统主流媒体的权威性，但由于其传播主体数量众多且容易达成共识，能够在短时间内形成共同意志，例如民愤、民怨，这是传统话语表达所难以实现的。在这样的情况下，如果主流媒体集体失语，就会存在群众被敌对势力操控的危险。例如，2010 年由突尼斯商贩自焚事件掀起的“阿拉伯之春”运动，席卷了中东地区，这场风暴造成数个国家政权更迭，有人认为这是一场被操纵的革命，其背后的自媒体平台例如 Twitter、Facebook 等在幕后起到了重要的组织和动员作用。因此，要想掌控自媒体时代的网络传播话语权，就需要在自媒体平台中为传统媒体开辟新的战场，例如可以推行官方微博、官方抖音账号的运作，搭建沟通平台，增强互动，及时准确地提供权威信息，这样既能发挥传统主流媒体的权威性，又能提高传统主流媒体的亲和力和公信力，掌控网络传播话语权，引导正确舆论。

（三）建立社会舆论引导机制。做好舆论引导是加强舆论监督管理的重中之重，我们要占领自媒体时代舆论监督场的话语权，引导舆论走向，借助自媒体之力做好宣传、监督、调查工作，弘扬时代主旋律。

第一，遵循信息传播规律，不断增强舆论引导的实效性。借助移动互联网技术，自媒体平台在内容呈现方式和传播方式上更具灵活性，我们可以通过智能手机随时随地接收和发布信息，微博、微信、抖音、小红书等成为人们沟通和交流的新渠道，自媒体已经成为普通民众和社会精英共同关注和发表意见的平台。与此同时，我们一定要防范自媒体时代信息传播出现“极端化效应”和“反向的沉默螺旋效应”。首先，要组织好重大突发事件的报道工作，掌握舆论主动权，第一时间发布权威信息，不给谣言可乘之机；其次，充分发挥微博、微信等自媒体平台交互性强的优势，对公众热点、难点问题不回避，拓宽反馈渠道，广泛汲取公众的批评意见；最后，重视网络意见领袖在舆论引导中的积极作用。2011 年春节期间，中国社科院于建嵘教授所发“随手拍照解救乞讨儿童”的微博引起关注，网友自发的行动与公安部门、媒体等社会力量结合在一起，共同推动救助被拐儿童公益活动的发展，凸显了舆论引导强大的力量。

第二，巩固和加强传统媒体核实真相、过滤不良信息的功能，监督和引导公众舆论的走向。自媒体由于缺乏核实信息真实性的能力，导致谣言等虚假信息泛滥在所难免。而传统媒体在自媒体时代，需要改进和增强的不仅仅是调查事件的真相，它更重要的任务是监督和引导公众舆论的走向，因为“比速度更重要的是深度”，传统媒体既要坚守新闻工作者的职业道德，更要注重承担社会责任。在自媒体时代，公众对于传统媒体的依赖度在降低，但是很大程度上，人们依然认可传统媒体所具有的权威性，希望从中了解事情的真相，以此作出正确的判断。2021 年 7 月，《小康》杂志社联合国家信息中心发布的“2021 中国现代信用发展指数”调查结果显示，对于媒体公信力和品牌价值而言，传统媒体的权威性在公众心中依然根深蒂固，公众心中公信力最强的媒体类型，作为传统媒体的报纸、广播、杂志、电视牢牢占据前四的位置①。可见，传统媒体的公信力仍是自媒体所无法取代的，而事实上，网络中众多的“谣言”也需要传统媒体去澄清。

表 6 - 1　　**全国报纸品牌排行榜②**

排名	报纸品牌
1	人民日报
2	光明日报
3	中国青年报
4	参考消息
5	南方日报
6	环球时报

① 赵狄娜：《2021 媒体公信力调查：传统媒体仍是“信息正餐”》，《小康》2021 年第 22 期。

② 赵狄娜：《2021 媒体公信力调查：传统媒体仍是“信息正餐”》，《小康》2021 年第 22 期。

续表

排名	报纸品牌
7	经济日报
8	南方都市报
9	扬子晚报
10	广州日报

第三，探索多种媒体融合互动的舆论引导机制。“官民舆论场”加速融合是未来媒体发展的趋势，也就是自媒体加传统媒体的结合，实现各司其职，其中自媒体将在传播新闻事件方面凸显其优势，传统媒体则在挖掘真相提供观点方面引导舆论走向。“人人都有麦克风，人人都是记者”的时代已经到来，网络话语权的转移，舆论场的多元多样多变，使我们必须重构舆论引导的新格局，即多种媒体融合互动的舆论引导机制。首先，传统媒体要转变思路，树立互联网思维，从传统的单向灌输转向多元互动，从单纯的提供新闻产品与服务受众转变为经营用户，围绕用户展开创新服务，注重用户需求，聚拢人气；其次，要打造融合多种媒介形态的新型技术平台，例如主流媒体开设官方微博、微信、开发移动客户端，实现单一平台能够生产多样化的传播产品；最后，提高自媒体时代舆论引导能力，传统媒体借助微博、微信等自媒体平台，积极介入热点话题的讨论，使舆论引导从被动围堵转为主动发布，从消极应对转为积极参与，从事后补救转向前置预判，在客观报道的同时予以及时回应。总之，在以移动互联网发展为依托的自媒体时代，要充分发挥自媒体在信息传播方面的优势，提高传统媒体应对舆论、化解危机的能力，实现多种媒体的有机融合。

新的传媒环境，给社会舆论提供了更为广阔的空间，使其深入到社会的不同层面，为公众表达提供了新的平台。与此同时，社会舆论在自媒体时代面临着信息碎片化、谣言快速传播和“网络自由”等危害，社会舆论作用的发挥受到制约，所以，社会舆论的监督管理面临新的难题。我们相信，通过发展的眼光顺应时代的变革，采取合作对话的态度，理性博弈，消除对抗性思维，多方面共同促进问题的解决，社会舆论对公众的引导将会实现平稳有序的发展，思想政治教育的外部环境会越来越稳定。

此外，为了营造稳定的舆论传播环境，我们可以在思想政治教育环境研究的基础之上，预测舆论传播环境变化的发展趋势。随着社会主义市场经济体制的完善，思想政治教育所处的外部环境发生了深刻而复杂的变化，社会分层的加剧、经济成分的多元化、分配方式的多样化改变了人们的思想观念、价值取向和思维方式，人们的利益观、就业观和消费观呈现多样化的趋势，人们的社会生活和交流沟通的渠道也从单一走向多元，这些外部环境的巨大变化改变了人们的社会生活，给思想政治教育带来了机遇和挑战。因此，我们要尽可能地营造稳定的舆论传播环境，减少不利因素给我们带来的危害，同时在实践过程中我们也要积极采取措施，抓住舆论宣传引导的机会，敢于正面迎接负面因素带来的挑战。现代科学技术的进步，使得提前预测思想政治教育的舆论传播环境变化趋势成为可能，及时分析和研究舆论传播环境变化的趋势以及对人们思想和行为产生的作用，利于我们及时调整，改变策略，消除舆论传播过程中的不利因素，营造一个和谐稳定的网络教育空间。

对舆论传播环境变化趋势的预测，是根据环境变化发展的规律，采取调研、实验、统计等科学方法，对思想政治教育的舆论传播环境，在未来发展的走向、可能出现的问题等方面予以预测分析，这是我们稳定网络空间大环境，提高思想政治教育对突发状况的适应性，能够第一时间作出积极的应对措施，这是一种未雨绸缪的手段，利于我们在问题出现后快速做好充分准备，降低甚至避免更极端的问题出现。

二　优化平等的交流交往环境

交往理论在马克思主义哲学的发展过程中占有非常重要的地位，

马克思在创立唯物史观的过程中，从物质生产活动出发，剖析人与人的生产关系，提出了社会交往理论。交往属于人类实践活动的范畴，伴随着人类社会的进步，交往的范围、频率和层次越来越广，交往活动是人类社会生活的重要内容，并推动着人类社会的进步与发展。哈贝马斯提出了以“主体间性”为核心概念的交往理论，强调了人类交往活动主体之间的理解和沟通需要达到一定的条件或者规范，并且提出了语言符号系统作为人类交往活动的中介在交往活动及社会发展当中的作用，对我们研究马克思主义的交往理论也有一定的帮助。思想政治教育过程是教育者与受教育者之间的沟通交流过程，体现了人与人之间的人际交往关系，一方面交往是语言、文字、情感等的交流，另一方面，教育者和受教育者又承担一定的角色任务，很多时候存在地位的不平等不平衡情况，思想政治教育的交往应该遵循持之有度、坚持互动的要求，重视平等沟通的重要性。

从思想政治教育环境的角度来看，可以大体上分为外部环境和内部环境两个方面，其中外部环境是影响思想政治教育发生和发展的外界条件，内部环境就是教育者和受教育者在思想政治教育过程中沟通、交流、学习的交往环境，优化和谐的内部环境，有利于提高思想政治教育的激励作用、促进作用和引导作用。具体可以通过以下几个方面促进内部环境的改善：

（一）优化思想政治教育内部交流机制。掌握交流的艺术能够提高教育者的个人魅力、感染力和说服力，提高受教育者学习的兴趣，达到事半功倍的效果。教育者要把握交流环境的规律和特殊性，理清交流的内容、结构和层次，才能提高效果，达到预期目的。语言作为交流最直接最常用的工具在思想政治教育过程中占有重要地位，教育者在语言表达中应该符合“准确、简练、优美”的用语原则，能够在第一时间，以最有效的方式传递思想政治教育的基本内容，才能同受教育者在交流过程中相互理解，达成共识。

（二）完善思想政治教育的交往环境。思想政治教育应该充分借鉴并吸收交往理论，重视人与人之间关系的构建与完善，教育者是思想政治教育过程的主导者，应该以尊重、信任、理解的态度对待受教育者，掌握人际交往过程中的特点和规律，在深入了解受教育者的个性、能力和需要等方面的基础上，调整教育方式方法。完善思想政治教育的交往环境，关键就在于是教育的双方享有平等、自由的地位，因此，具有独立人格成为教育者和受教育者对话、理解和沟通的前提条件，只有具备独立人格的人，才有思考、提问和反驳的意识与权利，才能成为交往的真正参与者。思想政治教育过程中双方建立起平等互动的关系，可以促进交流的深入开展，促进人的人格塑造和个性培养，有利于人的自由全面发展。

（三）拓展思想政治教育对话渠道。拓展沟通交往对话的渠道需要从多个方面入手，从教育内容、教育方法、教育机制等方面逐步改进和完善，学校、社会也需要提供更加科学、丰富、有效的教育资源，探索可行的方法：例如，首先，交往需要社会营造开放包容的氛围，能够创造一个尊重多元意见、充满讨论与交流的氛围，让每个人都能自由地表达自己的想法，可以通过组织多样化的活动、建立交流平台等方式来实现；其次，思想政治教育需要帮助人们强化对话交流的技能，帮助和促进人们提升沟通的技巧和解决问题的能力，注重培养人们的思辨能力和批判思维，多倾听他人意见、多提建议；此外，需要保证思想政治教育内容的科学性、真实性和可信度，才能避免出现错误的引导，降低公众的信任度；还有，需要建立有效的监督反馈机制，反馈也是对话的一种方式，对思想政治教育中出现的问题，应该及时采取措施加以纠正，既要让公众能够监督教育工作的开展情况，保证教育质量和效果，同时也要为人们提供及时反馈和指导，帮助人们提高思想认识水平。

三　完善和谐的社会治理环境

高效廉洁的政府服务水平、强大的社会治理能力是改善民生、凝聚民心的有效方式，营造风清气正的社会治理环境既是彰显政府执政能力的保障，也是确保思想政治教育效果的重要支撑。价值引领政府社会治理能力提升，打造一个和谐的社会治理环境，有助于化解社会矛盾、增进价值认同，帮助政府明确工作走向，将主流、正向价值转化为社会治理效能，才能从社会层面帮助思想政治教育达到预期的效果。价值引领是社会治理创新的先导，政府必须加快价值取向的转变，树立社会本位意识、民生为本意识，服务优先意识、依法管理意识以及公共治理意识，在此基础上正确界定政府与社会组织的关系，推进社会治理能力的发展，对于促进社会和谐稳定，完善和谐的社会治理环境，提高思想政治教育效果具有重大的现实意义。

首先，我们要明确价值引领与政府社会治理能力两者的内在统一。“立天下者，必先立其志”，社会治理的创新发展离不开社会核心价值的引领。社会治理本属于公共管理的范畴，社会治理的目标是要建立符合社会要求和规范的社会总体治理体系，在社会实践中，社会治理目标以特定的价值目标为引领，通过政府与公众、政府与社会团体的良性互动，实现治理主体的多元化、治理手段的多样化，才能保证“经济持续健康发展，维持社会和谐稳定，实现社会治理的善治目标”①。而社会治理的“善治”目标，一方面要考虑中国社会价值多元化、复杂化的现状，及时转变政府职能，提高政府社会治理能力，创新社会治理模式，让政府、公众、社会团体都能在社会公共事务的管理平台中发挥作用；另一方面，要强化社会价值的合理性，引领政府向积极、规范、高效的方向转变和发展。政府要明确自身角色定位，及时转变职能，积极应对社会价值多元化的挑战。当前中国社会价值多元化的现状是社会复杂价值体系中积极健康的价值元素与消极落后的价值元素并存，主流价值与非主流价值并存。多元化的社会价值之间互相激荡，是对社会主流价值与核心价值地位的挑战，多元价

① 张文显：《法治与国家治理现代化》，《中国法学》2002 年第 4 期。

值的冲击又带来了社会矛盾和社会冲突的加剧，在这种情况下，政府职能的转变既是面向经济社会发展的需要，也是基于社会价值多元化挑战的考量。政府职能的转变为公众和社会团体参与社会治理提供了机遇，为实现政府同社会公众的良性互动提供了条件，实现了公众、社会团体与政府地位的平等。政府职能的转变使得社会治理主体实现多元化，调动了所有参与方的积极性，并且无论是哪一方，在社会治理秩序的范围内都是平等的，目标是一致的，这种身份的平等关系消除了社会治理中管理与被管理的对立，通过制度化、规范化，让“所有参与者都能发挥最大的潜能和创造性，使‘社会治理’变成‘社会自理’”①，进而促成社会整体价值诉求的实现。

以政府经济职能的转变为例，计划经济体制时代，政府包揽了经济建设在内的所有工作，而市场经济体制下，政府定位已经从传统的角色中脱离出来，政府行为主要体现在公共服务的供给上，为经济发展创造公平的竞争环境和创新环境，提供经济发展所需的各种服务和保障措施，政府工作的核心就是立足服务和管理，政府行为只能依据对市场外部性问题的解决来确定政府服务和管理的具体对象、手段与方法。政府职能转变的效果就是要实现在公共治理中政府同社会公众保持良好的互动关系，使广大群众及诸多社会组织参与到社会问题的治理活动中，同政府形成合力，成为社会治理重要的资源和不可或缺的主体，这样的治理才是真正的治本之良策。政府可以采取对话、沟通、交流、协商、疏导、规劝，以及行政手段之外的其他方式，如经济的、道德的、教育的手段等等，遵循“有为”且适度的原则，引导并促进公众参与到社会治理体系当中。

其次，我们要确保社会价值的正当性与合理性成为引领政府走向“良法善治”的前提。面对社会价值多元化、复杂化的挑战，我们必须对社会的多种价值元素认真分析，化解不同社会价值之间的矛盾，

① 欧阳康：《强化国家治理研究中的价值自觉与善治导向》，《光明日报》2015 年 4 月 22 日，理论周刊（政治）。

准确把握社会价值的正当性与合理性，避免价值失范、冲突、对立现象的出现，“增进价值认同，塑造和弘扬核心价值、主流价值以及正向价值”①。“良法”与“善治”既是社会主义法治精神的内涵与精髓，也是社会治理的强大动力和最高目标。要达到这一目的，需要实现多元主体的价值诉求，需要“整合社会思想，矫正主观性、片面性的价值观念，减少价值冲突和分歧”②，走向价值共识，统一社会思想，尽可能降低社会治理的成本，维护社会秩序的正常运转，这样才能使人们感受到主流价值、核心价值的亲近，产生高度的认同感。

核心价值的引领是推进社会治理，实现治理能力现代化的重要精神力量，我们要把社会主义核心价值体系的建设与社会治理紧密结合，激活社会主义核心价值体系蕴含的精神、力量与活力，充分展现社会主义核心价值观的魅力，让社会主义核心价值观深入人心，融入社会各项建设活动，引领社会共识，充分发挥中国特色社会主义制度的价值优势与制度优势，努力建设一个富强民主文明和谐的社会主义现代化国家。

最后，我们要积极把握社会治理中政府价值取向的变化趋势。我国的社会治理是由政府及社会组织等多方面治理主体共同参与的社会公共事务活动。而随着世情、国情和社情的变化，社会治理体系结构发生了改变，社会治理的价值取向顺应社会价值的实际状况，促使并规范政府的职能转变，引领社会治理价值取向发生变化。

第一个转变就是由国家本位到社会本位的转变。经济发展与改革开放步伐的加快，打破了单纯由国家垄断资源和严格按照计划发展的格局。当前社会动态性变化特征愈来愈明显，社会各阶层利益分化加剧，中国社会正处于社会矛盾和敏感问题的高发期，单独依靠政府的

① 段立国：《国家治理现代化与社会主义核心价值观的内在关联》，《湖北社会科学》2015 年第 4 期。

② 付安玲：《社会治理视域下思想政治教育的价值及其实现》，《思想教育研究》2015 年第 10 期。

力量难以解决诸多社会问题。因此，社会自主管理的发展被提上日程，各种民间组织、社会力量的兴起，提升了中国社会的组织化程度，促进并解决了许多政府难以解决的社会问题，这是社会民主政治发展的产物，是中国社会进步的标志之一。同时，政府、公民和社会团体积极探索并创新组织策略和治理模式，才能实现有效的社会治理。政府部门主动与民间组织开展合作，赋予公民和社会团体参与社会管理的权力，共同促进社会政治生活的管理，是提高社会自治程度，实现民主治理的发展方向。

第二个转变是由管理本位到服务本位的转变。提供公共服务是政府的基本职能，也是社会治理的内在需要。社会契约论认为，政府的公权力来源于公民的权利让与和权能委托，每个社会成员让渡出最小的成本来换取政府和社会回报的最大利益。目前，市场正逐步取代政府成为资源配置的主导力量，发展市场经济需要深化市场主体的平等地位，客观上要求政府由权力行政向服务行政转变。实际上，政府的服务与管理不是非此即彼，而是辩证统一的关系。现代政府是服务型政府，并非不需要管制，而是要在工作中摒弃管理本位意识，将服务作为管理的目的，将管理作为服务的手段，寓管理于服务之中，形成与时代特征相适应，与现代政府治理理念相符的服务管理方式。

第三个转变是由权力本位到责任本位的转变。传统政府的组织结构是以权力为基础，以权力划责任，以权力得利益的构建模式，强调政府的管理，轻视政府的责任，重视权力的实施，忽略权力的限制，权力本位的价值逻辑使权力异化为政府推卸责任、争权谋利的手段。社会治理的现代化呼唤政府能够承担其相应的责任，从权力本位走向责任本位，政府权力也要从高度集中走向分离，实现决策、实施和监督的权力分置，权力只不过是政府履行责任的工具而已。市场经济体制改革要求政府职能从偏重行政干预向宏观调控的公共治理模式转变，逐步弱化行政管理职能在经济领域中的作用，减少微观经济领域的干预，加强经济社会事务的统筹协调，优化经济发展环境，强化要素支撑和环境保护，推进产业结构调整，大力发展现代服务业和区域特色经济，才能促进经济转型升级。

第四个转变是由官僚本位到法治本位的转变。改革实现了党和国家工作重心的改变、经济体制的转变和思维方式的变化，而在推进社会治理的实践中，仍然需要我们从社会价值观方面发生转变。“官本位”思想是一种专制文化下的价值观的体现，遏制“官本位”意识，关键要依靠法治，实现从官僚本位到法治本位的转变。法治建设能够为社会治理注入公平、公正、和谐、效率等基本价值，有助于提高政府的社会治理能力，因此，作为社会治理主体的政府，承担着社会秩序的守护者、公共利益和国家利益代表者的责任，要加强普法工作的力度，重视宣传与教育，注重弘扬社会主义核心价值观，弘扬中华传统美德，在引导和提升人的法治素养的过程中，增强法治的文化和道德底蕴，不断改善法治意识成长的社会环境，充分发挥公序良俗对人的法治意识形成的促进作用，达到树立人的法治意识，提升人的法治观念的目的。只有促进全民法治意识的提高，树立法律的权威地位，实现社会治理理念法治化，才能杜绝政府的越权行为，才能使社会治理收获最佳的经济、政治和社会效益。

以价值取向转变提升政府社会治理能力是为思想政治教育改善社会环境，以政府改革发展促进思想政治教育效果，使党和国家的方针政策能够深入人心的有效支撑。具体操作可以通过以下四个方面展开：

（一）以改善民生为重点，提升政府服务能力。政府在经济建设过程中需要注重经济和社会的协调发展，更要注意人与自然、人与社会的和谐发展。政府要加强可持续发展的理念，按照服务政府的要求，积极完善并调整政府的职能定位，要以改善民生为重点，在经济建设的具体探索与实践过程中，注重公共服务质量和社会治理结构的调整。首先，一切从人民群众的根本利益出发，不断强化政府公共服务水平。政府要从经济建设主体向公共服务主体转换，建立一套科学的、目标清楚的、职责明确的、功能完善的运作机制，推进经济社会实现快速健康发展；其次，关注民生，不断改善人民的生活水平，尤其是对于生活困难的群众，要加大帮扶力度。目前我国许多地方实施的“土地财政”，引发地产建设的高潮，对于因为地产开发而失去土地的农民，政府应该切实保障失地农民的生活、生产问题，这不仅是构建服务政府的基本要求，也是建立经济社会的和谐稳定的需要，对于因征地而失去生存基础的农民，地方政府必须坚持以人为本的原则，结合地区实际情况，妥善处理好农民的安置工作，例如，可以对失地农民进行集中技术培训，不仅仅解决其居住场所的问题，也要使其掌握新的生活技能，安置好农民的再就业工作，这样才能真正解决失地农民的生存问题，维护社会的和谐稳定；最后，完善政府服务政策体系，处理好政府与市场的协调关系。市场是资源配置的主体，而政府是政策调控的主体，两者不能错位，政府要实现公共服务的职能定位。

（二）以简政放权为核心，明确政府职能界限。政府的行为是有限的，要在社会治理中认真解决政府行为越位的问题。政府要在社会治理中通过简政放权实现“有所为”和“有所不为”，有限政府遵循的原则是立足于社会公共管理的客观要求，不能脱离职能的限制，政府不能取代市场、公众、社会团体的地位和作用而包揽所有工作，政府的作用是有限的，受客观条件的制约。通过简政放权，构建有限政府，是推进社会治理创新发展的必然选择。首先，明确政府的职能范围，从行政管理向公共治理推进，政府要和社会团体组织展开合作，积极探索以项目为导向，多元社会治理主体的契约化管理模式，推进协同治理创新发展；其次，坚持以社会需求为政府行为导向，明确政府的权责边界。凡是市场机制能自动调节的，公民和社会团体能自主解决的问题，政府不要干预，例如市场对资源的配置性作用不能改变，而政府对市场的调控作用体现为政府行为弥补市场外部负面效应，实现政府行为和市场机制的最佳配置；最后，控制政府规模的发展。政府规模的大小是由多重社会因素决定的，规模过大的政府机构，造成财政负担过重，入不敷出，规模太小又造成人手不足的尴尬，依据成本收益理论实现政府规模的最优化是建设效率型有限政府的选择。

（三）以权力控制为根本，强化政府责任意识。构建责任政府的根本在于权力的控制，而政府公共权力的规范运行，需要明确政府的责任，建立完善的监督制度。权责一致是构建责任政府的基本要求，责任政府要明确其基本的政治责任、行政责任和道德责任，在界定政府责任的同时要加强责任的监管，机制如何运行，出了问题谁来负责，这些都要求政府建立起完善的监督监管机制，建立起政府问责机制，使公众享有知情权、表达权、参与权和监督权等民主权力，能够及时对政府行为的越位现象追究责任。加强政府责任的监管可以通过以下几个方面开展：一是建立参与式、开放式的决策机制，推行重大决策的社会听证制度和社会公示制度，实现决策的透明、公开和公正，有效推进民主决策科学化水平；二是公开政府财政预算决算，实现财政透明。财政透明不仅有利于公众监督政府行为，也有利于社会治理的良性发展，不仅是一个技术问题，更是公众知情权的集中体现；三是加强舆论监督，完善公众举报投诉制度，依靠新闻媒体对政府违法行为实施曝光，出了问题严肃处理；四是完善行政问责制度，强化政府执行力。责任追究制度是对政府监督工作的补充，不可缺少，政府要实施权力与责任相对应的问责，对政府工作实施责任制管理，使责任追究做到有法可依，有法必依，出了问题严肃追究相关责任人，杜绝大的责任事故发生。

（四）以依法行政为目标，树立政府法治思维。依法行政是提高现代政府社会治理能力的现实要求，树立政府法治思维是社会治理现代化的重要标志和基本追求。首先，依法行政体现的是人民意志，而不是根据个人意志、主张来行使政府权力，依法行政是法治政府的主要职责，体现在监督与限制政府权力、维护社会公平与正义、追求自由与民主、尊重和保障人权等多个社会治理领域。其次，依法行政的关键在于两点，一是充分发挥法治在规范政府行为的基础性作用，力求政府权力的控制和社会治理规则体系的制定，努力消除现存社会治理体制机制的障碍，逐步推进社会治理工作的程序化、规范化和制度化，确保各项社会事务纳入依法管理的轨道；二是注重法治在化解社会矛盾中的核心作用，注重社会矛盾的化解，重视法治文化的建设，从思想上树立法治思维，自觉以法的精神处理问题，让“法治”的支持与引导在一定程度上替代“法制”的约束和保障，成为社会治理的重要手段。最后，依法行政是政府提供公共服务的切实保障，是法治政府的建设目标，同样需要增强权力运行约束和监督机制，实现行政执法责任制。法律不是政府用来管制约束人民群众的工具，而是治理内部事务的准则和依据，依法行政具有限制和约束政府权力的作用，因此要加强对依法行政的监督，增强多方面的监督合力，建立并完善依法行政的考核机制，及时发现问题并解决问题，确保依法行政顺利有效地推进。

第四节　以关怀为导向创新思想政治教育方法

现代社会中，各个领域的发展在科学技术的影响下突飞猛进，科技的进步也为思想政治教育的方法创新提供了可能。例如，移动互联网技术的发展，为人们提供了微博、微信等移动自媒体发布的平台，教育者可以通过移动社交网络随时随地开展思想政治教育活动，而且通过网络文章、论坛、朋友圈等载体发布的思想政治教育内容，融入虚拟的社交活动中，具有覆盖面广、传播效率高、接受力强等特点；思想政治教育研究可以借鉴社会学、管理学和经济学等其他学科的研究方法，采用调研、统计、建模，通过定量和定性的手段分析思想政治教育的效果、受教育者的学历、接受程度、个性特征等多项指标，进而实现思想政治教育方式方法的创新。我们在看到现代科学技术在思想政治教育中广泛应用的同时，也要注意继续发挥传统教育方法在教育实践活动中的运用，课堂讲座、党团活动、社区宣传、艺术感染等传统教育方法的作用依然无法替代，我们可以借助现代科技手段提高思想政治教育效果，但是传统教育方法具有导向性强、目的性强、公信力强的独特优势，思想政治教育方法在追求现代化的过程中重视发挥传统教育方法和现代教育手段各自的优势，是坚持工具理性和价值理性的统一，避免教育理念陷入盲目的科学技术崇拜。因此，思想政治教育要始终关注“现实的人”的活动，方法的创新要体现人性化的要求，具体可以通过重构思想政治教育的话语体系、回归思想政治教育生活世界，实现引导与关怀的统一这三个方面来展开。

一　重构思想政治教育话语体系

话语，简单来说，就是人们讲述或者书写的语言，是人类交往活动最重要的载体和工具，海德格尔曾经指出，“语言是存在的家”①，话语最主要的特征就是它具有社会性，是人们沟通、交流的关键。我们可以把话语定义为语言和言语结合而成的复杂的、丰富的、具体的社会形态，话语是把社会关系组织在一起的纽带，“话语以一定的条件和程序规范人们的交流方式，规范人们知的内容和知的手段，话语存在于任何的理解活动和解释活动之中”②。法国思想家福柯曾对话语进行深入的研究，他认为话语对应的是社会权力关系，话语在人的交往中会对人产生情感和思想层面的压制，尽管它是一种人类无法感知的、隐蔽的手段，但是它能够隐藏在制度、知识和理想当中，以权力的形式控制人的思想和行为，因此福柯提出了话语权力的概念。

话语权是构建话语体系的核心要素，我们所讲的话语权，简单来

① 海德格尔著，孙周兴选编：《海德格尔选集》，生活·读书·新知三联书店 1996 年版，第 358 页。

② 巴赫金：《周边集》，李辉凡等译，河北教育出版社 1998 年版，第 18 页。

说，就是教育者的话语权力，体现的是教育者的说服力、影响力和感染力，是教育者能够以理论说服人，用语言感动人的能力。从广义的角度分析，思想政治教育过程本身是一个社会化的过程，思想政治教育的话语权是影响人的思想发展以及社会发展方向的能力，它能够控制社会舆论的走向，通过教育活动把社会规范和道德要求内化为受教育者的个人品格，外化为受教育者的生活方式和行为习惯。此外，思想政治教育的话语权是指导社会意识形态的重要工具，是国家制度和政治制度赋予的权力。中国古代社会中所讲的“一言九鼎”“君无戏言”等反映的就是一种封建制度潜在的影响力，西方马克思主义者葛兰西从意识形态斗争的角度分析话语权在社会领导和国家统治中的作用，他认为统治的一种重要形式就是文化的领导权或者话语权。马克思认为意识形态是观念上的上层建筑，是物质生产关系的反映，那么统治阶级的意识形态就是要把统治阶级关于世界的认识、看法和观点上升到法律的高度，并且将其制度化、固定化，要让被统治阶级接受并形成一种基本的世界观。因此，在阶级社会中，话语权在意识形态的传播中占据重要地位，通过多种载体的传播和社会舆论影响人们的思想和社会行为表现，当涉及意识形态内容的观点被人们普遍接受时，统治阶级的话语权就成为一种强势的话语权。

近些年来，多种社会思潮的涌入，不断冲击着思想政治教育的话语权地位，党的二十大报告指出，我们需要“加快构建中国特色哲学社会科学学科体系、学术体系、话语体系”，为了保持马克思主义在意识形态中的指导地位，必须重构话语体系，进行话语转换，提高语言的“软实力”，才能稳定社会主义事业的健康发展。思想政治教育的话语转换要立足于人民群众的根本利益，关注人的现实生活，把握时代精神，实现思想政治教育的话语从传统走向现代、从精英走向大众、从叙事说理走向情理结合，具体可以从以下二个方面进行思想政治教育的话语转换：

（一）思想政治教育话语既要重视“传统话语”的作用，又要发挥“现代话语”的魅力。我国的思想政治教育具有悠久的历史传统，诞生于革命战争年代，历经岁月的洗礼，传承至今。思想政治教育的“传统话语”与主流意识形态对应，以马克思主义作为理论基础，以革命性的、政治性的语言引导人们树立符合主流政治生态的意识和思想，它强调的是政治的合法性和政治思想的稳定性。随着社会的发展和人们生活方式的改变，以网络语言、经济语言、生活语言为代表的“现代话语”改变了当代社会的文化生态，而“传统话语”侧重于政治化、形式化、工具化的语言，面对“现代话语”显得过于僵硬和呆板。事实上，思想政治教育的“传统话语”并没有落伍，它本身就承担着历史性和时代性的双重使命，既要传承历史，又要开拓未来，既要宣传社会主义的基本理论和基本思想，又要在多元化、碎片化的现代文化中排除错误思想的干扰。因此，以抽象、普遍和纯粹意识为特征的“传统话语”，要紧跟时代的步伐，融入“现代话语”开放性、包容性的特点，才能实现话语体系的现代转换。

（二）思想政治教育从“精英话语”走向“大众话语”。精英是社会的中坚力量，精英群体在社会中往往拥有令人羡慕的特殊身份，掌握一定的知识、财富和权力；大众，不仅仅是无产阶级，还包括在社会阶层的演变下，涵盖所有社会领域的“大众”。“精英话语”是权威的象征，带有一定的规范和约束性色彩，而“大众话语”则反映的是广大民众的思想和心声，是公众情绪、意志的表达，没有条条框框的限制；“精英话语”通常会带有明显的政治倾向，具有一定的逻辑性、知识性和抽象性，而“大众话语”从现实生活出发，直接反映人们的生活状态，简单易懂；“精英话语”有时会在危机事件的处理中由于信息的不对称出现“失语现象”，而“大众话语”往往会形成强大的舆论场，甚至能够左右舆论的走向。“精英话语”与“大众话语”的博弈体现在理论与实践、抽象与务实、法理与人情等的对抗中，由于社会的不断发展，社会阶层的演变，民主和自由逐渐成为人们讨论和追求的热点，“精英话语”的地位也不断受到“大众话语”的挑战，后者以其灵活性、普遍性和丰富性的特点，为人们呈现出更接近生活和现实的画面，在公众舆论中发挥着巨大的影响力。

思想政治教育话语应该避免“精英话语”过于程式化的弊端，教育者要贴近现实，了解人们的生活，采取易于接受、便于理解的方式，将少数人掌握的“精英话语”转换为大多数人能够理解掌握的“大众话语”，实现思想政治教育话语的通俗化和生活化，才能保持意识形态话语权的绝对地位。例如，“中国梦”的提出就是一种大众化的话语形态，以“梦”的概念囊括中华民族的历史使命、中国特色社会主义事业、广大人民群众的理想目标等，使意识形态的话语形象生动、简洁明了，具有更强的感召力。

（三）思想政治教育话语要重视说理与情感的结合。话语的传播方式主要包括文本和对话两种方式，前者可以借助报刊、书籍、文章、图画等多种载体，后者可以通过课堂、讲座、广播、影视宣传等多种手段。无论采取哪种传播方式，思想政治教育话语都要重视叙事说理与以情感人两方面的结合。叙事说理是教育者以说教的方式传授思想政治教育内容，是思想政治教育的目的和本质要求所决定的。叙事说理的特点是准确、简单、易于表达，便于教育者和受教育者的沟通和交流，利于协调人们的思想和行动，是传授道德规范和社会要求最直接的方法。尽管叙事说理内含某种价值规定性，但是在实践操作中依然是一种单向的“灌输方式”，事实上，语言是人们沟通的桥梁，理解是相互信任的基础，思想政治教育要促使个人的政治思想道德同社会所要求的思想道德规范保持一致，就必须建立起教育者与受教育者之间的信任关系，而双方信任关系的确立，离不开情感因素的作用。休谟曾经提出，同情是一个民族思想和性情达成一致的根源，列宁曾经提出，“没有‘人的感情’，就从来没有，也不可能有人对真理的追求”，情感因素在建立教育者与受教育者的信任关系中发挥着巨大作用，以情感人穿插在叙事说理的过程中，才能有效提高自身的感染力，因此，话语要重视说理与情感的结合。

二 回归思想政治教育生活世界

马克思指出，人的存在不仅仅是单独的、个体的存在，而且是处于一定的社会关系当中，具有丰富的、多样的社会存在。每个人都不可能离开他所处的社会环境而独立生存，也就是我们说的现实的、生存的事实性世界——生活世界。生活世界的概念最早由现象学大师胡塞尔提出，我们可以把他所讲的生活世界区分为经验的客观生活世界和作为先验的主观生活世界双重涵义来理解，胡塞尔对于生活世界的关注帮助我们更好地认识和理解相对于客观的科学世界以及抽象的逻辑理念世界，并且促使哲学视野从先验意识转向对现实生存的关注，在他之后，哈贝马斯重新阐述了生活世界的结构（文化、社会和个人）和再生产、理性化等问题，加上他所倡导的交往学说，使生活世界融合了理论与实践、思维与行动的统一。思想政治教育的目的是促进人的成长，促进人的综合素质的提高，我们的教育以人为目的，因此，就必须观照人的生活世界，贴近人的生活。特别是在新的社会环境下，工具理性得到重视而价值理性受到抑制的条件下，思想政治教育贴近人的生活显得尤为重要。

我们所讲的回归生活世界，强调的是贴近人的现实生活，是要把人的价值追求、人生的意义和奋斗目标放在人的社会生活中去考察，而不是要让思想政治教育去关注人的生活本身。人的生活意义不在于“吃、穿、住、用、行”，而在于理想和追求。马克思早在《1844 年经济学哲学手稿》中谈到劳动异化时就已经明确指出了人的生命活动与动物的生命活动的本质区别：“吃、喝、生殖等等，固然也是真正的人的机能。但是，如果加以抽象，使这些机能脱离人的其他活动领域并成为最后的和唯一的终极目的，那它们就是动物的机能”①。思想

① 《马克思恩格斯选集》第 1 卷，人民出版社 1995 年版，第 44 页。

政治教育贴近人的生活，不仅要让人们能够体验到现实生活的丰富和充实，还要通过对人的价值引导，帮助人们认识到现实生活中个人的问题和缺点，通过对美好生活的追求，去努力实现一个人格完善、情感丰富的理想的人。

思想政治教育贴近人的生活，立足于现实生活，不但要面向未来，还要继承传统，挖掘和吸收中国传统思想文化体系的宝贵财富，借鉴西方优秀思想文化资源，才能为现代社会人的健康发展提供精神的支撑和思想的支持，为思想政治教育深入人心提供帮助。

在当前思想政治教育实践过程中，存在着一些脱离人的现实生活的现象，思想政治教育需要摆事实讲道理，但同时也要认识到教育在人的思想、道德培养过程中具有一定的局限。人的思想形成过程存在不确定性，教育的作用在于引导和帮助，教育的效果受环境、条件等多种因素的影响，而有些人则以超理想的眼光看待思想政治教育，把思想政治教育的功能“万能化”。这种现象突出表现为教育者在思想政治教育过程中习惯“讲大道理”，强调理想的状态，却没有考虑受教育者的现实需要，脱离了生活的基础，这种把“实然”当成“应然”，把思想政治教育的目标当作起点，把理想的政治思想道德水平当作普遍的政治思想道德标准的错误认识，导致现实与理想反差过大，造成极少数的受教育者在接受教育的过程中产生抵触情绪，降低了教育本身的感召力。

因此，我们应该坚持“从生活中来，到生活中去”，回归人的生活世界。总的来说，回归生活世界包括三层涵义：首先，实践活动的组织和开展，要关注人们的现实生活，从人们实际生活中遇到的各种思想的、道德的、政治的、法律的问题来确定活动的主题，选择人们普遍关心的社会热点问题、焦点问题来组织活动的内容。其次，我们应该以“教育即生活，生活即教育”的态度，贴近生活的方方面面，避免教条的、抽象的、格式化的教育模式，才能提高达到预期的效果；最后，思想政治教育不仅仅是“他教”的过程，同时也是“学”

和“自教”的过程，教育者要传授一定的政治思想、道德要求和理论知识，受教育者也要通过学习和自我教育促进个人政治思想道德素养的提升，把知识和情感转换为个人的素质和品性，才能在社会生活中表现出应有的道德品质。思想政治教育也只有在这样的生活实践中才能充分体现出对个体的成长、对社会进步的价值和意义。

三 实现引导与关怀的统一

引导是心理学的概念，狭义的引导就是特指心理的引导，针对人的心理问题或者心理障碍等，通过心理咨询和心理治疗达到健康的心理状态。广义的引导涵盖人的精神的方方面面，包括心理的、观念的、思想的、道德的指引和辅导。思想政治教育过程中的引导就是后者的概念，具体来讲，就是教育者运用一定的方式和手段，针对被教育者的思想、道德、素质等方面实施的一种讲解、说明、支持和帮助，提高或者改善人们的政治觉悟、思想道德水平和个人心理素质等。引导的重点在于对人的现实生活的关注，对人的个性、尊严、需要的关切，不仅仅是理论的说教和指点。

关怀的概念，最初来源于西方人文主义传统，体现了对人性、人的价值、人的地位等的尊重和理解。人文关怀的理念同样也是马克思主义哲学的基本维度之一，《共产党宣言》《资本论》《1857—1858 年经济学手稿》等著作中都包含着对人的生存状况和历史境遇的深切关怀，包含着对人的尊严、自由和权利的执着追求。思想政治教育对人的关怀，体现在尊重人的个性差异和正当的、合理的需要，承认人在推动社会发展以及自身发展中的地位，承认人的价值，以激发人的积极性、主动性和创新为目的，以实现人的自由全面发展为目标等多个方面。

近些年来思想政治教育也围绕着新时期我党思想政治工作的新变化和新趋向，拓展了人文关怀和引导的科学内涵，贴近实际、贴近生活、贴近人的内心，加强了引导与关怀的统一，推动了信任关系的建立，教育尊重人们的思想和感受，建立起平等、开放的沟通渠道，以关怀为出发点：采取合适的引导方式，让人们感受到集体的关怀和支持。未来思想政治教育仍然需要在以下几个方面加以强化：

第一，思想政治教育要重视人的非理性因素对思想和行为的约束。人在理性作用的支配下才能进行认识和思维的活动，但是同时人类精神活动中还有直觉、情感、欲望、信仰等非理性因素，它同样是协调人类精神生活和人际关系的重要手段，而那些情感的波动、选择的不确定性、性格的制约、欲望的诱导等种种人类的非理性特征对人的思想和行为也产生了一些负面的影响，我们要重视引导并控制非理性因素发挥作用，尽量促使它们向好的方面转换。

第二，思想政治教育要重视人的心理活动的引导。心理学的研究成果表明，稳定的心理状态能够给人带来心情的愉悦，促进工作的顺利进行，而压抑的、沉闷的心理氛围则会干扰人们的判断，使人产生胸闷、气短、头晕等身体上的不适，长期处于心理亚健康状态的人，性格和人格的成长受到抑制，往往孤僻和冷漠，失去进取和发展的动力。一直以来，我们对人的心理健康关注不足，尤其是在生活节奏日益加快的现代社会，很多人处于高压、高强度的生活工作当中，失眠、焦虑、急躁甚至抑郁等成为现代社会中人最大的心理障碍，思想政治教育要重视并加以引导，使其向健康、稳定的方向发展，使每个人的心态处于最佳状态。

第三，思想政治教育要重视引导和关怀的协调统一，实现教育效果的最优化。系统科学原理指出，各部分协调一致，其整体效果大于局部累加之和；相反如果各部分彼此冲突或孤立，则整体效果可能低于局部累加的总和。系统科学理论给我们带来方法论的指导，因此实现引导和关怀的协调统一，目的就在于将情感与认知、意志和行为统一，使之完整化、综合化、高效化，最大限度提高思想政治教育效果。

四　坚持教育者与受教育者的互动

教育活动作为一种培养人的社会教育实践活动，在本质上是一种“教育者与受教育者之间的特殊的交往实践过程”①。具体到思想政治教育实践活动，教育的目的不只是教育者单纯的向受教育者传递理论和知识，更重要的是提高受教育者的道德素质和政治素养，丰富他们的精神生活世界，帮助和指导他们树立科学的世界观、人生观和价值观。思想政治教育实践活动不仅包括教育者和受教育者在教学中的传授与学习，也包括日常生活中的沟通和交往，思想政治教育过程要体现沟通双方的互动，两者是相互作用、相互促进的过程。

我们的教育实践活动是建立在教育者和受教育者之间相互了解、相互尊重、相互理解、相互信任、人格平等的基础之上，但是由于教育者掌握有一定的知识储备，具备较高的政治、道德、思想等素质，承担着一定的责任和义务，能够对人的发展起到深刻性和长久性的影响，因此，这就决定了教育者在思想政治教育活动中的主导地位，是教育活动的发起者、组织者和实施者。同时，教育者需要在教育过程中收到受教育者的反馈信息，及时了解并掌握教育活动的动态，这就迫切需要两者的互动和沟通。总体来讲，教育者与受教育者的互动就是一个“教育—反馈—调整—再教育”的动态过程。

首先，教育的目的是培养满足一定社会需要的人，教育传播、传递的是社会主流文化或优势文化，在阶级社会中，“统治阶级的思想在每一个时代都是占据统治地位的思想”②，在全球化时代，多元文化并存带来了文化的冲突，但是思想政治教育要向人们传递社会主义主流文化和社会主义核心价值观，增强人们的民族文化认同感，这也是教育者的基本任务；其次，教育者要了解受教育者的思想动态，思想政治教育是面向“人”的精神实践活动，如何对“人”进行有效的

① 张天宝：《走向交往实践的主体性教育》，教育科学出版社2005年版，第71页。
② 《马克思恩格斯文集》第1卷，人民出版社2009年版，第550页。

教育，需要教育者时刻掌握受教育者的思想、道德、心理等精神状态，这就需要从受教育者身上得到反馈信息，才能及时发现问题做出调整，有针对性地改变教育思路，因此，教育方式的选择要避免单纯的“讲解式”，坚持“互动式”，教育者与受教育者的互动，是思想政治教育活动的重要途径和形式，它不仅是双方语言、行为上的交流和沟通，更是思想、内心和灵魂的对话与交往，互动的双方是相互理解、相互支持和相互包容的关系。麦金泰尔在谈到现代性文化中的教育困境时，曾提出要讲究对话的艺术，道理要蕴含在一定的故事当中才有吸引力，教的魅力不在于传授而在于说服，我们既要讲同时还要使讲的过程充满趣味性。因此，判断教育者是否成功的标准就在于“他们不仅不会单调乏味，而且他们的学生也不会单调乏味”[①]。因此，教育者和受教育者的互动是在对话的过程中实现，这一过程是相互影响、相互调整和相互促进的过程，能够使双方在对话中获得新的认识和新的体验，实现知识水平和道德认知的共同进步。

以高校思想政治理论课教学为例，增强教师与学生的互动可以从以下几个方面入手：

首先，作为一名思政课教师，如何拉近学生与教师的距离？教师培养良好的职业道德是基础。以“爱国守法、敬业爱生、教书育人、严谨治学、服务社会、为人师表”为基本要求的高校教师职业道德规范，从教师的责任、义务、发展等多个角度阐释了教师职业道德的内涵，让思政课教师能够清楚地认识到“师德为先”的重要性。教育的使命感和责任感是成为一名合格教师，并向卓越教师迈进的基础，也是爱岗敬业、热爱学生的前提条件，体会教师职业的幸福感是教师坚持教书育人、努力科研的重要支撑，以道德规范引导学生发展，以宽容、尊重、奉献的精神感染学生，是高校思政课教师人格魅力的体现，因此，良好的职业道德是推动教师与学生互动的重要支撑。高校

---

① 金生鈜主编：《教育：思想与对话》（第1辑），教育科学出版社2005年版，第15页。

思想政治理论课应该坚守伦理使命自觉，彰显人文精神，高校教师要聆听、尊重、包容学生，热爱学生、理解学生，还要帮助引导学生"学会做人""学会合作""学会生存"，使他们具有健全的人格和勇于开拓创新的品质，成为适应新时代需要的全面发展的人。

其次，教师需要反思教学过程中存在的问题，需要在教学实践中不断反思总结教育方法、教学技能、沟通技巧、能力展现等多方面的问题。高校思政课要坚持政治性和学理性相统一，以透彻的学理分析回应学生，以彻底的思想理论说服学生，用真理的强大力量引导学生，才能让学生真学真信、愿学爱学。但是单纯的说教无法达到理想的效果，需要我们在教学方式方法和教学技术上有所创新。例如，如何把最新的教育技术融入课堂，通过一些小的技巧运用，让自己的授课内容和形式更加丰富多彩，教师应该想办法能够在几十分钟的课堂上吸引学生的注意力，比如说 PPT 的设计不能做得过于花哨，要重点突出，在吸引到学生注意力的同时还不能将他们的注意力定格在 PPT 上，此外还有说课的艺术以及微课的制作，思政课教师通过说课、微课这种新型的教研平台和教研形式能够进一步优化教学方式，可以说不仅从教育理论方面考验了思政课教师的理论功底，又从教育实践中锤炼了思政课教师的实践智慧。

教师要热爱思想政治理论课的教学工作，坚持学习新的教育教学理论，从作者自身的体会来看，从第一次踏上讲台的紧张到对课程教学的把握越来越熟练，从对学生状态的不了解到从学生的接受能力、关注点和学习的需求出发，在教学实践中逐渐领会教学的要点和教法的灵活性，每一次备课、每一次站在讲台上，都会有新的认识和收获，即使是同一个问题，通过不断的讲解和查阅相关资料，对同一个问题的分析和把握才能越来越清晰。例如在《马克思主义基本原理》课堂上，教师可以把马克思主义的基本原理与学生的人生经验、课堂体验和生活以及社会的发展紧密联系起来开展教学，把深刻的理论通过通俗的解释讲授给学生，促进理论与实践的渗透和互动，能够不断提高教学效果。此外，要把提高学生的政治素养和理论水平作为课程教学的学习目标，让学生了解国家社会发展的前沿，把握学习研究的热点和方向，在教学中坚定学生爱国、爱社会主义的信仰，提升学生研究问题和分析问题的能力。

再次，教师需要具有过硬的专业素质能力，要保持马克思主义理论的学习和研究能力，通过科研促进教学，实现教研结合，才能在课堂教学的互动中做到游刃有余。作为高校思政课教师，既要充分利用高校优越的科研教学环境，修好内功，同时也要将马克思主义理论的专业知识融入思政课的教学实践。高校教师都面临着科研和教学的双重压力，如何实现科研的快速投入，并实现两者的有效融合是需要解决的关键问题。理论知识过硬，具备一定研究能力的思政课教师，在课堂上也一定是得心应手。科学研究的道路不是坦途，必定充满坎坷，教师要耐得住寂寞，受得住挫折，将自己的主要精力投入到科研与教学实践中去。加班备课、做课题对于高校教师来讲已经成为生活的常态，教师不仅要把功夫用在课堂上，还要利用好业余时间继续自己的教学研究，教师应该学习著名教育家陶行知所说的“捧得一颗心来，不带半根草去”这种甘于奉献的执着精神。思政课教学不仅是一项工作，更是一门艺术，如何吸引学生的注意力，提高教师与学生的互动学习能力，需要教师长时间的积累和摸索。

第五节　以人性化为核心完善思想政治教育机制

坚持核心价值体系的引领作用，坚持意识形态的稳定，是我们思想领域稳定发展的基础。而人性化是完善思想政治教育的现实需要，并促进其创新发展的时代要求，在坚持以人为本的教育理念的指导下，如何完善它的运行机制，具体可以从以下三个方面开展：

一　构建思想政治教育激励机制

“激励”的基本涵义是激发和鼓励人的思想和行为表现，目的在于提供精神上的动力和支持。人的需要是人的实践活动的动力来源，因此满足人的需要、明确活动的目标、指导人的行为这些方法、手段和过程共同构成了激励机制的基本框架，因此有学者就提出了有效的激励机制是保证工作顺利进行的前提条件。[①] 我们的教育要想顺利开展，必须建立起一套以“人”为核心的思想政治教育激励机制，这也是整体运行机制的一项重要组成部分。激励机制的构建应符合人们的思想发展特征，采取行之有效的促进方式和手段，使人们能够自觉融入教育活动，充分发挥每个人的作用，激励机制的构建具体包括以下几个方面：

第一，思想政治教育激励机制的内在机理。人的积极性来源于他的需要，人的需要的满足是积极性产生的基础，恩格斯指出：“就单个人来说，他的行动的一切动力，都一定要通过他的头脑，一定要转变为他的意志的动机，才能使他行动起来”[②]，所以说人的动机同样也是“为了使需要得到满足而行动起来的动力”[③]。因此，构建思想政治教育的激励机制，目的就在于调动人的兴趣，唤醒人们奋发进取的动力。人的主动学习的能动性，需要我们通过一定手段和方法，采取鼓励、激发、挖掘等方式才能释放，促进人们把被动接受教育变为主动学习的过程就是激励机制所要达到的效果，如果人们的能动性得不到发挥，思想政治教育就会失去自身的魅力，无法取得预期的效果。事实上，由于每个人的自身条件的不同，人们在接受程度、认识水平等方面存在较大的差异性，思想政治教育可以通过有效的鼓励措施，

---

① 参见孟彩云《中国社会主义精神文明建设研究》，河南大学出版社 2004 年版，第 352 页。

② 《马克思恩格斯文集》第 4 卷，人民出版社 2009 年版，第 306 页。

③ 参见周从标《全球化背景下思想政治教育创新研究》，中国社会科学出版社 2005 年版，第 291 页。

明确教育目的，以培养人的思想素质、提高人的适应能力作为人接受教育的动力，引导人们将自身发展融入社会发展当中，把人的个人发展目标融入民族、国家和社会的发展目标中，把人生的意义上升到为国家、为民族奋斗的高度。

第二，思想政治教育激励机制的组织形式。激励的主要方式分为两种，即物质激励和精神激励，两者缺一不可。物质激励满足的是人的物质需要，获取基本的或者更高的物质利益是人们正当的、合理的要求，用物质形式的奖励激发人们的积极性，是构建激励机制最普遍，也是更能吸引人们参与的一种组织形式。物质激励的效果最直接也是最便捷的，通过颁发一定的物质奖励，激发人们自觉参与思想政治教育活动的兴趣。例如，对有突出贡献的科技、文化、教育、艺术等领域的工作人员，提高他们的政治待遇和工资待遇，优先给予破格晋升和职称评定的权利；对有突出贡献的单位或部门，提供应有的资金和政策的支持；建立各类成果奖励制度，提高人们学习研究的动力。

提供精神激励同样是一项重要的奖励形式。精神激励的重点不在于满足人的物质需要，而是通过精神层面的慰藉、表扬和鼓舞，实现对单位、部门或者个人的奖励措施。事实上，精神激励不是无法兑现的"空头支票"，它在激发人的积极性方面发挥了巨大作用，是对人的精神需要的满足和肯定。因此，在思想政治教育激励机制的构建过程中，要重视精神激励的地位和作用，此外，精神激励不仅仅是奖励先进，更重要的是鼓舞和推动，以尊重人、关心人和帮助人为基本原则，以树立榜样为主要方式，建立思想政治教育的榜样机制。优秀的、杰出的人才是人们竞相学习和效仿的对象，实践工作中有突出贡献的个人或者集体，能够引领潮流，发挥模范带头作用，而树立榜样机制正是要达到号召人们争当先进，努力进取的目的，使人们学有榜样，是提高我们教育可信度与说服力的重要手段。我们要逐步营造一个"人人学习先进、人人争当先进"的文化氛围，努力构建崇尚优良道德品质和较高思想境界，促进人们发愤图强的社会环境。

第三，思想政治教育的激励机制同样要注意惩罚手段的运用。激励机制应该实现赏罚分明，必要时采取一定的惩戒手段，才能实现公正平等的对待每一个人。奖励是对人的鼓舞和赞赏，是对人的努力和付出的肯定，能够巩固人们正确价值观的树立，而惩罚的目的则是对人的错误思想和行为的警告，有利于“人的不良动机减弱甚至消退”①。因此，思想政治教育在进行鼓励先进的同时，对于危害他人和社会，威胁稳定和发展的行为要给予坚决打击和惩处。奖励和惩罚是激励的两个方面，二者相互依赖、相互促进、相互补充。惩罚本身不是目的，而是手段，是为了防止危害的扩大，尽可能地促使人们及时矫正自己的错误行为，是思想政治教育激励机制的必要手段。

二　创新思想政治教育评估机制

为了及时掌握整个教育实践活动的动态过程，提高教育的针对性和有效性，按照以人为本的要求，体现教育的人文关怀，就必须构建并完善评估机制，而实现评估机制的创新就是完善整体机制过程中最重要的环节。评估是由主管部门或者第三方机构按照行业标准或规范，对项目、工作、个人或团体等的效果和影响等做出的评价，是评价教育项目或教育质量和成效的一种方法。常见的教育评估方法有以下几种类型：

1. 直接观察法，教育者可以直接观察受教育者在学习中的表现，包括受教育者的参与度、积极性、专注度等，这种方法需要教育者在教育过程中不断观察受教育者的表现，以便及时调整教育策略和方法；

2. 测验法，通过测验和考试来评估受教育者的学习成果是一种常见的方法，这种方法可以对受教育者的知识掌握情况进行评估，但也

① 参见周从标《全球化背景下思想政治教育创新研究》，中国社会科学出版社 2005 年版，第 291 页。

有一定局限性，因为它不能评估学生的实际能力和技能；

3. 问卷调查法，问卷调查可以向受教育者询问他们对教育项目或教育方式的看法和反馈，这种方法可以提供一些有关教育项目或教育方式的定性和定量分析。

此外，教育评估重在对教育效果的评价，因此评估机制的构建需要关注以下几个方面的问题：

1. 效果评估的时机，教育者需要选择评估的时间点，以便评估结果能够反映出受教育者接受教育程度的高低，评估时机应该考虑到教育的特点和受教育者的接受程度；

2. 效果评估的对象，评估的对象可以是教育者、受教育者，也可以是教育过程的其他参与者，以便获取最有价值的反馈信息；

3. 效果评估的数据分析，评估结果需要及时反馈给教育者和受教育者，以便及时调整教育方式方法，同时评估结果可以作为教育改革的依据和参考。

总之，教育效果评估需要综合考虑多重因素，选择合适的评估方法和指标，并进行数据分析和反馈。

所谓思想政治教育的评估机制就是运用一定的价值标准，由行政管理部门、学校、教育研究机构或者经过认可的第三方组织等，对思想政治教育的过程、效果和影响等方面进行评述和估量而建立的机制。从评估的方法来看，思想政治教育评估主要包括定量评估法和定性评估法两种基本类型。定量评估法侧重于运用数据采集和定量分析的方式，对过程中呈现的基本数据进行科学地整理、统计和归纳，以数字化的、直观的形式表现思想政治教育的效果及目标完成度；而定性评估法的重点在于以全局性、整体性的角度对思想政治教育过程和内容进行分析，主要以目标是否实现作为评判的标准。而从评估的标准来看，思想政治教育评估还可以分为静态评估和动态评估。静态评估一般考察思想政治教育带来的直接效应，分析和判断教育目标是否实现，人们的思想、道德、政治素养等达到什么样的状态，主要针对的是当前的状态，不考虑未来的发展趋势；而动态评估则是分析和把握思想政治教育过去的发展历史、现在的状况以及未来需要调整和创新的趋势，国外思想政治教育和国内思想政治教育的区别和联系，是在时间和空间双重范围内的评价。总体分析，创新思想政治教育评估机制要从评估标准和评估方法两个方面着手。

第一，合理确定评估标准。评估要得以有效进行，必须具备以下几个基本的要素：评估主体（即评估人）、评估客体（即评估对象）、评估方法、评估程序以及评估指标。思想政治教育评估不是简单的总结性评估，而是发展性评估，评估标准的确立不是单纯地考察结果、出具报告和说明结论，而是要及时发现问题，找出原因，提出对策，有针对性地解决问题。因此，可以说思想政治教育评估本身不是目的，而是促进思想政治教育目标实现的一种手段。培养人、塑造人和教育人既是确立评估标准的出发点，也是落脚点。因此，评估标准的确定要满足以下基本条件：内容涵盖评估客体的各方面信息，关注教育者和受教育者的基本状况，重视考察教育者的引导和关怀，统计分析受教育者思想、行为的发展动态，总结影响整个教育活动的主客观因素。合理确定评估标准，既可以全面把握评估客体的特征和优势，又能够对思想政治教育活动中存在的问题做出评价，分析其产生原因，并及时有针对性地加以解决。

第二，完善思想政治教育的评估方法。方法的完善是创新评估机制的前提条件。按照人性化的基本要求，思想政治教育的评估要考察教育的内容是否科学，教育方法是否有效，教育者的工作是否扎实，受教育者是否掌握、理解并接受教育者传递的基本理论知识和道德要求，受教育者的思想道德水平和政治素养是否提高等多个方面。由于思想政治教育理论与实践的复杂性、社会环境条件的不确定性以及人的思想认识发展的动态性，思想政治教育的评估方法不能一成不变，要在探索中实现创新与突破，要坚持定性评估与定量评估相结合，充分借鉴社会学、管理学、心理学、统计学等诸多社会科学的理论和研究方法，把握人的思想、认识、观念等精神特征，建立一套可操作性强、科学性强的思想政治教育评估方法。

三　完善思想政治教育保障机制

机制的有效运行需要一定的物质条件的保障和支持，保障机制的建立是机制完善的重要方面，而教育活动的有效开展，需要从资金到政策，从扶持到监管等一系列的保障措施。

第一，思想政治教育需要资金投入、基础实施建设等物质保障。一项持久的、覆盖面广、影响巨大的工程，往往需要巨额资金的投入，思想政治教育同样需要国家和社会不断投入资金、人力等方面的投入，不仅要扩大研究经费和教育经费的投入，还包括基础设施建设（例如教育基地、活动场所）等的投入，有学者提出，国家对教育的投入占国内生产总值的比例是衡量一国教育水平的标准，思想政治教育是一项持久性、全民性的精神工程，不仅需要国家财政的投入，同样需要社会力量的支持，未来我们可以在寻求社会资本投入方面进行新的尝试和探索。

第二，思想政治教育需要政策、法规等制度保障。公序良俗是对人的道德修养等方面的一种“软约束”，并非强制性的措施，需要个人自律为基础才能发挥有效作用，而法律法规和规章制度则是人人必须严格遵守的规定，任何人不得越过法律的底线。因此，思想政治教育同样需要建立健全相应的约束机制，才能保障教育活动的正常运行，其中制度建设是保障机制的根本，它包括政策、法规等的颁布和实施，具有强制性、长效性和针对性的特征。思想政治教育的制度保障是对道德情感等“软约束”措施的补充，制度建设需要按照一定的层次性、稳定性和全面性的基本要求，强调各层次制度间的紧密配合和协调统一。

我们要注重社会层面的制度保障和配合，要完善对政府公权力的行政问责制度，强化政府执行力，确保政府公权力的规范运行，把权力关进制度的笼子里，才能推动人们的认同感和责任意识的提升，提高对政府和国家的信任和热爱，确保思想政治教育的实效性目标。对公权力的行使进行有效监督与约束，制度约束是根本，人民监督是关键，一是加强群众和舆论的监督，“群众的眼睛是雪亮的”，要依靠“围观的力量”，完善公众举报投诉制度，依靠新闻媒体对违法行为实施曝光，出了问题严肃处理；二是审计部门做好审计、监察工作，审计部门依法行使监督权，对于政府行为执行审计工作，加强执法监管；三是建立健全政府行为评价工作，对政府行为的技术、影响、效果评价；四是完善行政问责制度，强化政府执行力，责任追究制度是对政府监督工作的补充，不可缺少，政府要实施权力与责任相对应的问责，对政府工作实施责任制管理，使责任追究做到有法可依，有法必依，出了问题严肃追究相关责任人，杜绝大的责任事故发生。公权力的行使在人民的监督和制度约束下运作，以保证公权力从产生到执行都在公平公正的条件下进行，促使政府履行对公众的政治责任。总之，制度保障作为外在约束条件，与社会规范和道德要求等内在约束共同构成保障的长效机制，促进教育的保障实现规则治理和法律支持。

第三，思想政治教育需要公众广泛参与的舆论监督保障。在当今新媒体已经深入影响每个人的生活，通过网络围观、转载分享、发表评论，舆论监督实现了快捷有效、全民参与，扩大了监督范围，增强了舆论影响力。综合来讲，受新媒体信息传播方式的影响，当前的舆论监督，其主体、理念、方式与范围都发生了颠覆性的变革，公众参与舆论监督已经成为常态，如果运用得当，微信公众号、抖音、微博等会成为网络反腐、推进社会主义民主政治建设的有力法宝，但是另一方面，新媒体本身所具有的开放性、及时性、自发性、交互性和随意性的特点，突破了传统媒体舆论监督的限制，如果缺乏有效的监管，网络平台上那些所谓“热血网民”、“愤青”的“绝对自由”会形成“舆论审判”，导致“网络暴力”等现象的产生，对社会造成严重的负面影响。依靠公众进行舆论的监督管理是完善思想政治教育保障机制的常用手段，接受新闻媒体（包括新媒体、传统媒体等）和广大民众的监督，通过舆论的传播效应，可以使思想政治教育过程更有效率，更有群众基础。

由于思想政治教育是面向所有人的精神实践活动，承担着提高人们思想政治水平和道德水平的艰巨任务，因此，为了更好地提供保障，减少问题的出现，应该引入思想政治教育的民主监督机制。首先，是各级单位和部门应该成为专门的调研和审核队伍，把思想政治教育的监督工作落实并量化，责任细分到个人。其次，吸引广大人民群众投入到监督工作中来，思想政治教育的保障需要每一个人的积极参与，实现监督主体的基层化，管理部门还要建立信息通畅的反馈渠道，如开通热线电话、确定领导接待日等作为基本的监督保障措施。最后，是依靠舆论监督的效应。新闻媒体在思想政治教育保障中的作用，体现在宣扬正面人物，宣传好人好事，严格遵守行业道德，规范宣传用语，挖掘事件真相，敢于公开揭露违法犯罪行为，做好舆论监督的本职工作。

参考文献

著作类

《马克思恩格斯全集》第 1 卷，人民出版社 1960 年版。

《马克思恩格斯全集》第 2 卷，人民出版社 1957 年版。

《马克思恩格斯全集》第 3 卷，人民出版社 1956 年版。

《马克思恩格斯全集》第 42 卷，人民出版社 1979 年版。

《马克思恩格斯选集》第 1—4 卷，人民出版社 1995 年版。

《马克思恩格斯文集》第 1—10 卷，人民出版社 2009 年版。

《马克思主义与当代中国论丛》，中央文献出版社 2013 年版。

《列宁选集》第 1—4 卷，人民出版社 1995 年版。

《毛泽东选集》第 1—4 卷，人民出版社 1991 年版。

《邓小平文选》第 1—3 卷，人民出版社 1994 年版。

《江泽民文选》第 2—3 卷，人民出版社 2006 年版。

《毛泽东 邓小平 江泽民论科学发展》，中央文献出版社 2009 年版。

《坚定不移沿着中国特色社会主义道路前进　为全面建成小康社会而奋斗——在中国共产党第十八次全国代表大会上的报告》，人民出版社 2012 年版。

《十七大以来重要文献选编（上）》，中央文献出版社 2009 年版。

《习近平总书记系列重要讲话读本》，人民出版社 2016 年版。

《习近平谈治国理政》，外文出版社 2014 年版。

《马克思主义哲学史》，高等教育出版社 2012 年版。

陈先达：《马克思主义哲学原理》，中国人民大学出版社 2003 年版。
陈先达：《走向历史的深处：马克思主义历史观研究》，中国人民大学出版社 2006 年版。
费孝通：《中学图书馆文库：乡土中国》，生活·读书·新知三联书店 2013 年版。
冯友兰：《中国哲学史》，重庆出版社 2009 年版。
韩庆祥：《马克思的人学理论》，河南人民出版社 2011 年版。
韩毓海：《马克思的事业：从布鲁萨尔到北京》，中国人民大学出版社 2012 年版。
何一成：《马克思主义思想政治教育理论中国化的历程和经验》，社会科学文献出版社 2004 年版。
何中华：《重读马克思：一种哲学观的当代诠释》，山东人民出版社 2009 年版。
胡乔木：《关于人道主义和异化问题》，人民出版社 1984 年版。
黄见德：《现代西方人本主义哲学研究》，华中理工大学出版社 1994 年年版。
康德：《纯粹理性批判》，孙绍武译，远方出版社 2011 年版。
雷骥：《现代思想政治教育的人性基础研究》，人民出版社 2008 年版。
李合亮：《解构与诠释：思想政治教育的基本问题研究》，人民出版社 2015 年版。
李连科：《哲学价值论》，中国人民大学出版社 1991 年版。
李明德：《西方教育思想史：人文主义教育之演进》，人民教育出版社 2008 年版。
刘恩允：《大学生生命教育研究》，中国社会科学出版社 2012 年版。
刘秀萍：《马克思“巴黎手稿”再研究》，中国人民大学出版社 2013 年版。
路日亮：《以人为本与中国特色社会主义建设》，现代教育出版社 2011 年版。

罗素：《西方哲学史》，何兆武、李约瑟译，商务印书馆 2005 年版。
平章起、梁禹祥：《思想政治教育基本理论问题研究》，南开大学出版社 2010 年版。
乔纳森·沃尔夫：《21 世纪，重读马克思》，范元伟译，清华大学出版社 2015 年版。
邱柏生：《高校思想政治教育的生态分析》，上海人民出版社 2009 年版。
上海市思想政治工作研究会编：《新视界 思想政治工作与人的全面发展》，上海交通大学出版社 2004 年版。
沈国权：《思想政治教育环境论》，复旦大学出版社 2002 年版。
沈壮海：《思想政治教育有效性研究》，武汉大学出版社 2016 年版。
田建国：《以人为本与道德教育》，山东人民出版社 2005 年版。
童彭庆：《思想政治教育心理学》，高等教育出版社 1996 年版。
托马斯·C. 帕特森：《马克思的幽灵：和考古学家会话》，何国强译，社会科学文献出版社 2011 年版。
万光侠：《思想政治教育的人学基础》，人民出版社 2006 年版。
王东：《共和国不会忘记：新民主主义社会的历史和启示》，东方出版中心 2011 年版。
王明初：《马克思主义中国化研究》（2012 年卷），中国社会科学出版社 2013 年版。
王树荫：《中国共产党思想政治教育史》，中国人民大学出版社 2016 年版。
吴潜涛、刘建军：《新时期思想政治教育史论》，安徽人民出版社 2004 年版。
杨春长、王聚英：《中国共产党反对错误倾向的理论与实践》，中央文献出版社 2004 年版。
杨艳春：《德育人本论》，中国人民大学出版社 2012 年版。
杨芷英、张耀灿：《思想政治教育心理学》，中国人民大学出版社

2014 年版。

杨忠虎、王明：《中共党史简明读本》，人民出版社 2012 年版。

元林：《思想政治教育体系中的网络传播研究》，光明日报出版社 2011 年版。

袁本新、王丽荣：《人本德育论》，人民出版社 2007 年版。

袁贵仁：《对人的哲学理解》，河南人民出版社 1994 年版。

袁贵仁：《马克思主义基础理论研究：马克思主义人学理论研究》，北京师范大学出版社 2013 年版。

张雷声：《马克思主义基本原理的中国化与中国化的马克思主义基本原理》，中国人民大学出版社 2012 年版。

张蔚萍：《中国共产党思想政治工作发展史》，中共党史出版社 2004 年版。

张耀灿：《中国共产党思想政治教育史论》，高等教育出版社 2006 年版。

张云飞：《唯物史观视野中的生态文明》，中国人民大学出版社 2014 年版。

张再兴：《网络思想政治教育研究》，经济科学出版社 2009 年版。

赵金山：《新情况 新思想 新机制》，红旗出版社 2004 年版。

郑永廷：《思想政治教育方法论》，高等教育出版社 2010 年版。

中共中央党校马克思主义理论教研部、中国马克思主义研究基金会：《面向“中国问题”的马克思主义》第三辑，人民出版社 2015 年版。

中共中央宣传部：《社会主义核心价值观体系学习读本》，学习出版社 2009 年版。

中共中央宣传部理论局：《中国特色社会主义理论体系学习读本》，学习出版社 2009 年版。

周辅成：《西方伦理学名著选辑》（下），商务印书馆 1996 年版。

朱贻庭：《中国传统伦理思想史》，华东师范大学出版社 2003 年版。

朱兆中：《中国社会主义意识形态建设纵论》，上海人民出版社 2003 年版。

期刊类

陈博、颜吾佴：《〈德意志意识形态〉人学思想及其新时代价值探析》，《理论导刊》2023 年第 4 期。

陈念、金林南：《思想政治教育在公共空间中的出场思考》，《思想理论教育》2020 年第 2 期。

陈荣荣：《应慎重提倡思想政治教育人学范式转换》，《思想教育研究》2013 年第 9 期。

陈先达：《唯物史观视野中的“以人为本”》，《中国人民大学学报》2004 年第 1 期。

邓国彬：《思想政治教育人学研究的回顾、反思与前瞻》，《湖北社会科学》2019 年第 6 期。

段文灵：《试论马克思主义人学理论与思想政治教育的逻辑关系》，《学习与探索》2007 年第 6 期。

付安玲：《大数据时代思想政治教育“获得感”的人学意蕴》，《思想教育研究》2018 年第 2 期。

高德胜：《割裂的现代德育》，《上海教育科研》2000 年第 6 期。

高德胜：《现代德育困境研究述评》，《现代教育论丛》2000 年第 3 期。

葛彬超、王立泽：《思想政治教育社会哲学范式中的人学取向》，《思想教育研究》2020 年第 12 期。

郭颖：《基于生存论意义的教育关怀》，《当代教育科学》2006 年第 18 期。

韩庆祥、庞井君：《马克思的人学理论——对马克思的思想体系的一种新解释》，《中共中央党校学报》1997 年第 1 期。

侯惠勤：《〈德意志意识形态〉的理论贡献及其当代价值》，《高校理论战线》2006 年第 3 期。

金光磊：《马克思人学思想的情感意蕴及其时代价值》，《广东社会科学》2023 年第 1 期。

靳玉军：《论思想政治教育的本质及其实践把握》，《西南大学学报》（社会科学版）2014 年第 6 期。

李基礼：《思想政治教育研究视角的演变及其趋势》，《思想教育研究》2018 年第 8 期。

李萍：《对思想政治教育走出困境的理性审视》，《中国高等教育》2005 年第 17 期。

李月玲、王秀阁：《思想政治教育范式再转换》，《思想教育研究》2012 年第 5 期。

廖申白、孙春晨：《转型时期的社会伦理道德问题与对策》，《哲学研究》1997 年第 5 期。

林剑：《关于马克思主义人学的几个问题》，《哲学动态》1996 年第 2 期。

刘小戈、李德龙：《谈高校思想政治教育人文关怀的机制建构》，《社会科学战线》2013 年第 10 期。

鲁洁：《教育：人之自我建构的实践活动》，《教育研究》1998 年第 9 期。

鲁洁：《人对人理解：道德教育的基础——道德教育当代转型的思考》，《教育研究》2000 年第 7 期。

骆郁廷、王若飞：《也谈思想政治教育要以人为本》，《武汉大学学报》（人文科学版）2004 年第 6 期。

闫艳：《马克思交往理论对思想政治教育的启示》，《求实》2006 年第 4 期。

戚万学、唐汉卫：《后现代视野中的道德教育》，《教育研究》2004 年第 7 期。

邵广侠：《以人为本的思想政治教育探析》，《探索》2006 年第 5 期。

邵建防、罗骋：《国外思想政治教育特色及对我国的启示》，《湖北社会科学》2004 年第 8 期。

沈壮海：《论高校德育的人本追求》，《思想理论教育导刊》2009 年第 11 期。

石凤妍、徐建康：《论以人为本的大学生思想政治教育》，《道德与文明》2007 年第 2 期。

史宏波、谭帅男：《论思想政治教育的双重叙事》，《教学与研究》2022 年第 4 期。

孙正聿：《塑造和引导新的时代精神——面向新千年的马克思哲学》，《中国社会科学》2001 年第 5 期。

谭培文：《社会主义自由的张力与限制》，《中国社会科学》2014 年第 6 期。

陶磊：《批判与探索：思想政治教育人学范式分析》，《河南师范大学学报》（哲学社会科学版）2011 年第 2 期。

万光侠：《论以人为本的价值哲学意蕴》，《山东师范大学学报》（人文社会科学版）2004 年第 5 期。

万光侠：《现实的人与人的现实》，《东岳论丛》1999 年第 6 期。

吴炜：《马克思人学思想论析》，《学术研究》2014 年第 2 期。

叶澜：《教育创新呼唤"具体个人"意识》，《中国社会科学》2003 年第 1 期。

于冰：《论生活化思想政治教育的内涵及发展理路》，《思想教育研究》2007 年第 2 期。

张博：《对话理论在传播学视阈下的研究进路》，《新闻界》2014 年第 1 期。

张国启：《生活化思想政治教育及其时代价值》，《学校党建与思想教育》2008 年第 1 期。

张奎良：《马克思视域中的以人为本》，《马克思主义与现实》2004 年第 3 期。

张奎良：《试论马克思以人为本的哲学发展轨迹》，《哲学研究》1994年第2期。

张苗苗：《思想政治教育的本质是核心价值观教育》，《教学与研究》2014年第1期。

张威、马长世：《马克思现象学人学范式下的思想政治教育研究》，《学校党建与思想教育》2019年第22期。

张耀灿：《思想政治教育研究的人学取向探析》，《思想理论教育导刊》2006年第12期。

张耀灿：《现代思想政治教育人性基础理论研究的开拓性力作——〈现代思想政治教育的人性基础研究〉评价》，《思想教育研究》2009年第2期。

赵福奎、吴清：《马克思主义人学视域下的思想政治教育——评〈思想政治教育目的研究——基于马克思主义人学视角〉》，《中国教育学刊》2014年第1期。

周菊芳：《马克思主义人学理论视域下的学校思想政治教育探讨》，《中国教育学刊》2019年第1期。

周晓波：《美国思想政治教育模式的分析与借鉴》，《辽宁工业大学学报》（社会科学版）2009年第6期。

学位论文

崔坤：《人本德育的唯物史观向度》，博士学位论文，苏州大学，2013年。

刘新刚：《马克思现代社会发展理论的价值维度研究》，博士学位论文，清华大学，2008年。

潘玉腾：《论思想政治教育的马克思主义人学基础》，博士学位论文，福建师范大学，2008年。

宋德勇：《现代思想政治教育的人学解读》，博士学位论文，北京交通大学，2011年。

王定功:《人的生命价值研究》,博士学位论文,北京交通大学,2012 年。

王智慧:《人的存在与思想政治教育》,博士学位论文,山东师范大学,2008 年。

巫阳朔:《中美高校思想政治教育比较研究》,博士学位论文,中共中央党校,2012 年。

张富文:《马克思主义人本思想中国化研究》,博士学位论文,中共中央党校,2011 年。

张永远:《马克思主义人学视阈中的现代官德问题研究》,博士学位论文,南京理工大学,2010 年。

后　记

思想政治教育体现人性化，符合当前时代的基本要求，现代社会强调发展人的主体性，发展人的个性，就是要发挥人的主观能动性。但是现实中存在的突出问题给思想政治教育带来两个方面的危害：一是造成主客体关系只有对立而缺少统一；二是抑制了人的主体性。关于何为思想政治教育主体的争论，并没有解决主体和客体的对立，没有促进两者的相互作用和主客融合，相反在无形中造成教育者主体地位的下降和主体作用的弱化，主客关系在争论中反而变得更加模糊。主客二分是客观存在的，有着一定的积极意义，但是主客关系是对立与统一的整体，思想政治教育的发展与完善需要主体与客体的和谐，需要教育者和受教育者双方的促进和统一。人的个性和人的主体性在强调奉献和牺牲的革命战争年代并不凸显，直到改革开放以后才逐渐被人们广泛关注。近些年来思想政治教育立足于对时代精神的把握，以马克思主义人学为指导，倡导通过以人为本构建社会主义和谐社会，促进思想政治教育向人本化方向转变，但是实践中存在的一些脱离人、漠视人的现象和问题抑制了人的主体性的表达，需要我们认真反思。

社会在变化，理论的发展也需要与时俱进，思想政治教育实践活动的安排也要根据现实情况做出调整。随着网络、电视、报纸等新闻媒介快速发展，人们获取外界信息的渠道日益增多，各种信息的传播呈现爆炸式增长，越来越多的负面信息进入人们的视野，当社会现实与思想政治教育内容出现强烈反差的时候，人们会产生逆反的心理状态，会在无形中降低对教育的好感和信任度。那么如何稳固教育在人民群众心中的地位，最简单也是最行之有效的方法就是把理论运用于现实问题的解答，尽可能地贴近人的现实生活，使复杂、抽象的理论转化为通俗易懂的道理，实现其自身理论与实践合乎当代人的发展变化，符合人的自由全面发展的需要。

从一定意义上讲，人学视界的介入为我们的理论研究提供了新的思路和理论依据，丰富的马克思主义人学思想，推动了理论的创新。因此，用人学分析并解决现实问题是对理论研究的进一步拓展。

本书是在作者的博士学位论文的基础上完成，部分章节内容加入了近年来作者对马克思主义人学与思想政治教育的相关研究成果。回忆研究选题最初的思考来源于思想政治教育“以人为本”和主客体关系问题，尤其是目前高校思想政治教育中老师和学生的关系问题，结合现实中教育问题的反思，教育实践活动中“人的缺失”等现象，促使我们重视思想政治教育对“人”的分析和思考。同时，思想政治教育创新发展不仅要探究自身理论和实践的发展，还要结合教育过程中最重要的因素——“人”的思想观念、政治观点和道德品质的形成变化和发展机制，才能为思想政治教育方法和手段等的创新提供理论依据。研究从人学的视角研究思想政治教育，从问题入手，结合人的主体性、人的需要、人的个性特征、人的发展等方面，在新的历史条件下，对思想政治教育的价值取向、沟通过程和方法论原则进行补充和拓展，希望用理论解决现实问题，使得我们的思想政治教育紧扣社会生活，紧扣时代主题，进而促进个人价值取向、个人发展与社会发展、政治认同和社会责任感培育的内在统一。最初的想法和思路不成系统，存在很多疑惑，在研究中也遇到了许多困难，是我的导师刘秀萍教授的指点和帮助，才使我解决了很多关键问题。博士毕业后我也顺利成为了一名高校思政课教师，几年来高校思想政治理论课的教学工作也使我对人学视域中的思想政治教育有了新的认识与感悟，我现在真切地感受到教育的关键不仅仅是培养人的知识和技能，它的核心在于塑造人、培养人、完善人，我们常说“浇花浇根，育人育心”，思想政治教育从根本上说是做人的工作，因此作为高校思想政治理论课教师，我们肩负着以培养人才为目的、促进人发展的重要使命。

人学视界的介入为我们的理论研究提供了新的思路和理论依据，相关的研究还需要在未来的工作中继续深入拓展，尤其是涉及思想政治教育前沿领域的理论与实践问题，例如关于思想政治教育心理状态与接受机制的关系研究，教育实践活动所传递的信息反映了一定的社会规范、政治观念和道德标准等，这些信息需要通过接受环节才能转化为受教育者的思想政治观念和内在的道德品质，并外化为自觉的行为。本书的大部分内容是作者在北京交通大学马克思主义学院攻读博士研究生阶段完成的，后续围绕人学与思想政治教育的研究增加了新的内容作为补充，因此本书的完稿感谢求学阶段老师和同学们的指导和帮助，让我在研究过程中受到启发，及时发现问题，少走了很多弯路，感谢参加工作后，河南农业大学马克思主义学院领导、同事们的关怀指点。本书的出版得到了河南农业大学马克思主义学院对著作出版的经费资助。中国社会科学出版社许琳老师团队在本书选题、修改和出版过程中，付出了辛苦劳动，体现出高超的专业水准和职业素养！本书的写作过程中参考了学界诸多专家学者的研究成果，在此对他们表示衷心感谢。